一命二運三風水，四積陰德五讀書，**改運**真的可以 **轉運** 嗎？

# 搞懂
## 好命×好運
## 好風水
## 一生受用

命不可改，運卻可變！

八字重的人代表先天資質好，生於福祿之家，少有名望。
**而八字輕的人多出身貧寒，社會地位低，福薄無財。**
**但是，八字重的人並不等於能大富大貴。**

i-smart

智學堂
智慧是學習的殿堂

國家圖館出版品預行編目資料

搞懂好命好運好風水一生受用 / 春之霖編著.
-- 初版. -- 新北市：智學堂文化，民105.02
面； 公分. -- (不求人系列 ;16)
ISBN 978-986-5819-85-9(平裝)

1.命書　　　　　2.堪輿

293.1　　　　　　　　104027216

不求人系列：16

# 搞懂好命好運好風水一生受用

編　　著 — 春之霖
出 版 者 — 智學堂文化事業有限公司
執行編輯 — 廖美秀
美術編輯 — 蕭佩玲
地　　址 — 22103　新北市汐止區大同路三段一百九十四號九樓之一
　　　　　　TEL　（02）8647-3663
　　　　　　FAX　（02）8647-3660

總 經 銷 — 永續圖書有限公司
劃撥帳號 — 18669219
出 版 日 — 2016年02月

法律顧問 — 方圓法律事務所　涂成樞律師
cvs 代理 — 美璟文化有限公司
　　　　　　TEL　（02）27239968
　　　　　　FAX　（02）27239668

Chapter 1

命運篇 ....................................... 010

命運是否天註定 ............................. 011

命越算越薄，是真的嗎 ..................... 014

人為可以多大程度改變命運 ............... 015

解災等同於改變命嗎 ...................... 017

命理學中的人生格局是什麼 ............... 018

什麼是流年、大運 .......................... 019

什麼是生肖 .................................. 021

本命年是什麼 ............................... 022

什麼是犯太歲與沖太歲 .................... 024

測字算命能看人性嗎 ...................... 026

什麼是起名五要素 ......................... 028

什麼樣的痣才是好痣 ...................... 031

不同部位的痣代表什麼呢 ................. 034

什麼樣的人最「好命」 .................... 036

「歹命」就容易孤苦無依、貧困潦倒嗎 ... 037

剖腹產的孩子生辰怎麼算 ................. 039

姓名跟命運真的有關嗎 .................... 041

改名字真的可以轉運嗎 .................... 043

改姓後，命運會有所改變嗎 .............. 044

取名字最忌諱的是什麼...................045

雙胞胎的命運也有區別嗎...............048

為什麼要行善積德.......................049

你的幸運痣在哪裡.......................051

你是能安享生活的人嗎................055

出生在不同時辰，你究竟有什麼優勢呢.......056

批命結果不準確的原因是什麼？.................058

衰命能改嗎................................061

真的是左眼跳財、右眼跳災嗎.........068

心驚肉跳是否真的就是凶兆呢.........072

腳趾形狀與女人的個性真的有關嗎.............074

姓名數理跟性格特點的關係.............075

睡相可以看出人的一生嗎？.............078

八字輕的人命不好嗎....................082

八字跟美醜也有關嗎....................083

腳又瘦又扁的女人命薄嗎...............084

身材比例跟壽命也有關嗎...............085

三痣相連易發瘋嗎.......................087

吃相能夠看出人的性格嗎...............088

什麼是桃花................................091

哪些人最容易走桃花運................093

誰最容易招桃花.........................094

什麼樣的八字好色 ................................ 096

紅鸞星動就是要結婚了嗎 ..................... 098

他（她）是你的真命天子（天女）嗎 ........... 099

什麼是合婚 ........................................ 100

哪些女生離不開愛情的滋潤 ................. 101

如何追你的意中人 .............................. 103

八字能看出配偶的身材嗎 .................... 105

什麼樣的男人最忠心 .......................... 106

什麼樣的老公能富貴 .......................... 108

什麼樣的女人易成為第三者 ................. 109

什麼樣的八字女人最風流 .................... 112

最搭的夫妻生肖組合有哪些 ................. 114

哪種女性最旺夫 ................................. 120

你的老公會旺你嗎 .............................. 122

「剋夫」是剋死夫嗎 ............................ 123

Chapter 2

運勢篇 ............................................... 126

如何看阻礙事業發達的「痣」命弱點 ........... 127

哪些人天生就是領導命 ....................... 129

哪種人最有野心 ................................. 130

哪種人的運勢越來越好 ....................... 131

哪些人結了婚會有好運.................132

哪種人天生勞碌命.................133

腳型也能看官運嗎.................134

胸口有痣，胸有大志嗎.................135

背部有痣，難成大事嗎.................136

哪裡的痣對事業有影響.................137

腳上有痣就命好嗎.................141

什麼人容易犯小人.................142

怎麼防小人最有效呢.................143

人格數能看出社交能力的強弱嗎.................145

你是能交益友的命嗎.................148

怎樣看出一個人可不可交往.................150

人緣好的人會被朋友拖累嗎.................152

從字體可以看出人的性格和運勢嗎.................153

你的一生是否有貴人長伴.................155

哪些痣對家庭關係有影響呢.................156

姓名可以看出人的談吐弱點嗎.................157

誰在職場易遭人利用.................158

月柱能看出人的財富和六親關係嗎.................162

什麼樣的人一看就是吝嗇鬼.................166

什麼是有財無庫，或無財有庫.................167

什麼人能夠財福齊得.................168

八字重就能成為有錢人嗎.................. 169

你是個能發橫財的人嗎.................. 170

你會成為有錢人嗎.................. 171

哪種人更適合炒股票.................. 172

哪些人最有投資運.................. 173

哪些人看起來能成富翁.................. 174

哪些人視錢如命.................. 175

哪些人一合作就破財.................. 177

看哪些人容易為情破財.................. 179

最敗家的屬相有哪些.................. 180

你是過路財神嗎.................. 182

聲大則貴，聲小則賤嗎.................. 183

人的骨肉比例與福祿有關嗎.................. 185

你的腹部是藏黃金的地方嗎.................. 187

Chapter 3

風水篇.................. 188

錢放在哪裡最好.................. 189

招財方法知多少.................. 190

常見的招財法寶有哪些.................. 194

怎樣做才能不當「月光族」.................. 199

怎樣當一個守財的主婦.................. 200

怎樣利用廚房招來財運.................202

怎樣招來職場財運.................203

怎樣增加偏財運.................205

財神位在哪裡.................208

什麼是漏財位.................211

怎樣彌補家財缺陷.................212

什麼是「命中有財」.................214

怎樣量身定做提升財運的方法.................215

什麼是八卦鏡.................216

怎樣調理陽台風水.................219

餐桌有什麼風水禁忌.................221

家庭擺多少餐椅最吉利.................223

為什麼不能在廚房裡懸掛鏡子.................224

鏡子的風水功能有哪些.................225

擺設動物有什麼作用.................227

植物的風水功效有哪些.................231

為什麼要在家庭中擺放綠植.................232

怎樣擺魚缸會犯「淋頭水」.................233

怎樣化解凶方的煞氣.................234

為什麼銅葫蘆能化解煞氣.................235

怎樣處理垃圾桶最吉利.................236

時鐘的最佳擺放方向在哪裡.................237

如何利用水晶助運勢 .........................238

風水與疾病有什麼關係 .....................241

玻璃幕牆導致什麼病變 .....................243

加油站、鐵路如何影響健康 .............244

怎樣調整風水能改善抑鬱症 .............245

九星和健康有什麼關係 .....................247

為什麼住西北方容易生病 .................250

八卦如何影響人體健康 .....................251

為什麼樓層越高對身體害處越大 .................254

**1**

命運篇

# 命運是否天註定

　　命運是伴隨一個人一生的東西，也是萬事萬物已經為宇宙規律所完全預定了的從生到滅的軌跡。你相信它有，它則伴隨你一生，你不相信它有，並不等於它不存在。

　　命運一詞受到世界各宗教人世及思想家的普遍認同的。儒家的天命觀、道家的自然命定論、佛家的因果論、基督教的上帝決定論、伊斯蘭教的前定說、古典物理學的機械決定論、量子力學等現代科學的非決定論及中性理論、馬克思主義哲學的歷史決定論及菩提量子的大統一命運觀，這些都可以稱之為命運觀。

　　古人常說：命由天定，運由己生。「命」是與生俱來，而「運」是一個人一生的行程。人們不可改變命來何處，但能把握運去何處。與生俱來與外在條件相結合，構成了人的命運。所以它不是唯心的，而是辨證的。

　　命運是否可以由人來掌控？答案是可以的。我們由來是既定的，智力、體力是天生的，家庭基礎環境

是固然存在的，教育環境也是既有的。但是是否服從命運的安排是由我們自己決定的。

我們的心態、能力、周圍人的舉動、環境的變化，這一切促使人發生了改變，也就是所謂的「運」。

對於生活，不要過於樂觀又或過於缺乏自信，因為我們或許改變不了命運，但卻可以去選擇那些適合我們，並得我們喜歡的生活方式。

自古以來，人們常說「安身立命」，所謂「立命」就是建立命途的脈絡，人們本著這種，透過製造運勢來改變先天之命，一定能使生活變得很美好。

還有時代問題，不論算命的人使用哪一種方法，不論你認為自己的所學有多高深莫測，你所用的方法都不能反映出一個因素，那就是時代，而時代恰恰是影響我們命運的一個至關重要的點。

否則，為什麼我們常在書中看到、在電視裡聽到有人感歎自己生不逢時，就是因為同樣的生辰八字在不同的時間，不同的年代會有不一樣的命運，比方說你是一個財運亨通的人，但卻不幸生於抗日戰爭時期，那個時代再亨通的財運是基本等於零，頂多是三、無塊錢的差距。

再假設，一個人的健康運比較差，這點比較不走運，但如果生在這個醫學發達的年代，也許也沒有什

麼大不了的，但如果更不走運的生到了古代的某一朝
得暴君統治下，那後果可不僅僅是傷風感冒那麼簡單
了，可能五馬分屍，處以杖刑等等，不堪設想啊。所
以不管哪種算命的方法都一定要結合時代，才能得出
更為準確的結論。

# 命越算越薄，是真的嗎

　　現代人對算命好奇心多過於相信，所以遇到比較有名的預測師就去占卜，想聽聽結果。有時也會到廟裡求籤，得到各式各樣的籤文。這些都是算命的方式。然而，民間也流傳著這樣的說法：「命會越算越薄。」這句話到底是有根據還是沒有根據呢？

　　其實命越算越薄是沒有根據的。因為許多學術不精的預測師所推測的運勢常是一知半解。當一個人總遇到這樣學術不精的「算命師傅」，聽了許多對自己人生各方面不好的評價。心情一定會越來越壞，做事也會總是發生不順的現象。

　　而一個精於算命的人，他不會「鐵口直斷」，說一個人命好或是不好，而是給出意見，或助好運，或避厄運。他助人累積福德，幫人消除災難，所以遇到這樣的「算命師傅」，絕對是命厚，而非命薄。

　　所以人們如果真的想知道自己的命格、命盤為何，需要擦亮眼睛，別被一些江湖騙子所迷惑，也不要相信那些一知半解的算命師，應當找真正的算命大師來看。

# 人為可以多大程度改變命運

　　人為的力量是有限的，想要透過人為的力量完全的改變命運是不可能的，只能讓命運變的好一些，至多只能改變命運的30～40%左右，比方說，一個天生智商低，透過後天的努力，他的智商可能會提高一些，甚至有可能跟正常人一樣，但是，如果想讓他們的智商超過正常人，那是很難的。所以透過人為的力量只能改善命運，比如一個人命中註定是貧困，但是透過自己的努力再加上一些算命大師的指點，他可能不至於餓死街頭，也可能過上溫飽有餘的生活，但是如果想要向大富大貴的方向發展就很難了，再比如，一個人命中無官運，就算透過後天的努力可能跟當大官的人過上一樣的生活，但是他們終究還是百姓。

　　就算透過人為的力量可以改善命運，也要記得，改善的程度也是有限的，改善只能改善一個等級裡的不同層次，是很難跨越等級界限的。拿富貴來說，人為的力量可以改變富貴的程度，但是改變不了你的富貴等級，富貴的等級由高到低分為以下幾種，大富大貴、中富中貴、小富小貴、普通溫飽和貧賤之命這五

個類型，我們舉例來說，你的月收入是25000元，那麼算的上是溫飽之命，那麼你透過在工作上的不懈努力，或者是透過一些大師的指點，可能慢慢的月薪會漲到27000、28000、29000甚至300000，但是你始終徘徊在溫飽之命的範圍裡，只是在這個範圍裡的高低不同罷了，如若想要突破這個界限，跨入小富小貴的級別裡去，是很難很難的，這就是人為的努力可以改的內容。所以看到這裡大家要記得，若是一個時期你感覺自己運勢不佳，找來了風水先生，此人滔滔不絕的給你講述他能讓你怎麼發家致富，怎麼成為百萬、千萬以及億萬富翁，怎麼讓你大富大貴，你可能會覺得這個人真的是天上地下無所不能，但是這種大師說的話聽聽也就算了，多半是騙人的，大師就算在精通自己所在行的算術，他也只是人，不是神，不可能完全的顛覆了你的人生，他如是有那麼大的本事，為何不給自己指點迷津，為何自己還要幹這洩漏天機損陽壽的行徑？答案只有一個，他把自己說的這麼神乎其神無非是想在你意亂神迷的時候騙取高額的「貢錢」。這種人不會有什麼太過高深的道行，學的只是皮毛而已。

　　所以，記得，命裡註定的事情是可以改善的，但不要妄想全盤推翻，自己要多努力，改善總比不改要好的多。

# 解災等同於改變命嗎

解難與改變命運的確是有聯繫的，但是二者並不等同，在命理學裡，解災是化解一些正在進行或者將要發生的不詳的事情，即便不能完全消除，也盡力使大事化小。

而改變命運，是指透過特定方式方法，來改善人的運氣，發揮命主的最大潛能，使其在人生事業上有更大發展。

災難也是命運的一種表現形式，解災雖然與命運調整概念不同，其實解災的同時也改變了命運，只不過這種改變只是對命運中某一具體事項而言，而不是一生的各方面的命運改變。

改變命運，主要是針對命運中的財官、運氣等人生大象的改善。所以二者概念不能混淆。

# 命理學中的人生格局是什麼

按照中國的命理學的陰陽五行推演，人生格局的表現方式可能是數字，如姓名學的天格、地格、人格等；可能是天干與地支的符號，如八字；可能借用天上星宿的名字而來。

這些字元或符號之間會有生、剋、合、會等關係，而當這些代號過度集中於某一五行時，或是出現一些特定的星群組合時，就會出現所謂的特殊格局。

這些特殊格局的好壞，與人的流年大運有關，另外還與人所處的環境和時勢情況有關。特殊格局應驗的多為壞格局，即霉運當頭。如逢煞星當頭，則壞格局淪為破格，恐有性命之虞。

在命理學當中，每個人的人生格局都是特定的，經仔細推算，可預知災厄的大致方向和出現時間，人們可透過改變運勢來躲避災厄。

# 什麼是流年、大運

　　既然講人生格局，就必然需要講流年和大運。

　　流年是指一個人每年的運氣與際遇。人的命運會受自然環境的變動影響，八字學、紫微斗數、生肖都需配以流年來推測。由於八字、紫微斗數等預測法都以天干地支為基礎，所以流年的變化的單位也都是以十二或六十為一個循環。

　　流年的起始點說法諸多，八字主是以春分為起始點，生肖與紫微斗數則是以農曆正月初一為起始點。但也，有人認為生日過後才會有明顯的跡象，也有人認為要同時參看命格的強弱，命格弱的人多半是厄運限至、好事多磨，命格強的人則反之。

　　流年又稱為小限，是對比於十年的大限或大運而來的。但在紫微斗數當中，每年的運勢除了小限外，還有一個太歲盤，小限代表當事人的心理狀態，太歲則是環境賦予的條件，兩者同時參看，配以各預測法所推測出的命盤，來預測吉凶。

　　大運與流年密切相關。由於中國的命理學多以陰陽、五行、十天干和十二地支為基礎，所以時間的計

算多以十或十二為單位，而大運的論法就是以十年為一個單位，流年是為小限，以年為基準。人的大運十年一變，所以古語有云：「十年河東，十年河西。」

因為每個人上大運的歲數不同，交大運的時間自然不同，所以有些人的第一大運會是在二到十一歲，有些人則是七到十六歲之間。大運又稱為大限，一般人所謂的大限將至，指的是第六大限，也就是生死大限，因為古時候人的壽命很短，正所謂人生七十古來稀，六十多歲通常逢第六大限，此大限被古人認為非常難度。

# 什麼是生肖

　　十二生肖，就是指人們的所生年份對應的十二生相，它由十二種動物與十二地支相互搭配，包括：子鼠、丑牛、寅虎、卯兔、辰龍、巳蛇、午馬、未羊、申猴、酉雞、戌狗、亥豬。

　　哪年出生的人，哪種動物即是他的屬相。生肖是古老華夏的紀年法，它是人們崇拜動物與記錄年份的神祕融合，也是中國最源遠流長的命理工具之一。

　　長期以來，不少人將東漢唯物主義思想家王充的名著《論衡》視為最早記載十二生肖的文獻。

　　《論衡・物勢》載：「寅，木也，其禽，虎也。戌，土也，其禽，犬也。……午，馬也。子，鼠也。酉，雞也。卯，兔也。……亥，豕也。未，羊也。丑，牛也。……巳，蛇也。申，猴也。」以上引文，只有十一種生肖，所缺者為龍。

　　該書《言毒篇》又說：「辰為龍，巳為蛇，辰、巳之位在東南。」這樣，十二生肖便齊全了。要點說明十二生肖由鼠、牛、虎、兔、蛇、馬、羊、猴、雞、狗、豬以及傳說中的龍組成。

# 本命年是什麼

　　本命年就是十二年一遇的農曆屬相所在的年份，俗稱屬相年。在傳統習俗中，本命年常常被認為是一個不吉利的年份。

　　「本命年犯太歲，太歲當頭坐，無喜必有禍」的民謠是關於本命年不甚吉利的最佳寫照，所以民間通常把「本命年」也叫做「檻兒年」，即度過本命年如同邁進一道檻兒一樣。

　　北方的漢族人多在本命年時繫紅腰帶，俗稱「紮紅」，小孩還要穿紅背心、紅褲衩，認為這樣才能趨吉避凶、消災免禍，該習俗流傳至今。

　　本命年這一說法早在西漢時就有了，起源於中國的十二生肖和「崇紅」心理。在中國古代，人們用甲乙丙丁、子丑寅卯等天干地支的組合來記住所生的年份，為了便於記憶和推算，人們就採用鼠、牛等十二種動物來與十二地支相對應的方法，每年用其中的一種動物來作為這一年的屬相。

　　而漢族的本命年就是按照十二生肖屬相循環往復推出來的，它與十二生肖緊密相連。一個人出生的那

年是農曆什麼年，經過十二年後再遇同一屬相的年，此年就是該人的本命年。以後每逢此屬相之年，皆為本命年。

　　比如猴年出生的人，每逢申年就是他們的本命年。按照十二年一輪回來推算，一個人的本命年為12歲、24歲、36歲、48歲、60歲……

# 什麼是犯太歲與沖太歲

　　古人把木星稱為「太歲」，其公轉週期約是地球的12倍，並劃分周天為十二次，十二生肖亦隨太歲運轉而更變。

　　古人認為，太歲某一年在某一方，這一方就不能動土興建，否則觸犯了太歲，就會招來災禍。

　　生肖學理論中的太歲，指虛歲一歲、十三歲、二十五歲、三十七歲、四十九歲、六十一歲、七十三歲。依據生肖學的說法，一般人的年庚，若與值年太歲相同，也就是如果一個人數巳蛇，又逢蛇年，這在民間稱為犯太歲；而年庚對沖者，則叫沖太歲。犯與沖的意思相同。

　　「對沖」即是指生肖之年再加上六年，「對沖」又叫「六沖」，即子午沖、丑未沖、寅申沖、卯酉沖、辰戌沖、巳亥沖；比如一個人出生在子鼠年，對沖年份為午馬年。

　　古語有云：太歲當頭坐，無喜恐有禍。犯太歲、沖太歲的人該年的挫折及變動較多，所以最好安太歲。過去的人都會選擇到廟裡拜太歲，保佑諸事順吉。

　　另有一種叫刑太歲，又稱「偏沖」，是指自己的出生年與流年所屬生肖相差三年，便是刑剋，即與流年太歲「偏沖」。例如當年事子鼠年，「偏沖」為卯兔年、亥豬年。

# 測字算命能看人性嗎

　　測字在中國已有過千餘年的歷史，字是人類文明的表現，字是表達一個人思想的資訊。除了說話，字就是最傳情達意的一種工具，而字體本身的結構可反映寫字人的內心世界、身體健康，甚至運程吉凶。

　　在漢字的發展過程中，測字被很多風水看相之家結合自己的方法被發揚光大。測字有多種方法。但無非兩種：

　　一是根據字體本身。根據字本身形狀或者拆字，也有在九宮格裡把字拆分進行分析的方法，附會其意以求吉凶。

　　第二種方法便是數理法，類似於算卦排盤，利用陰陽五行八卦之數來測算吉凶。

　　現代人還認為，一筆一劃的字裡行間留下來的神韻、字的神態、字的精神、字的氣魄，都會透露出寫字之人的一些資訊，其字的氣勢、形態能顯示落筆者的性格、心態、健康，甚至運程。

　　其實這一點還是古人做的比較好，所謂求解，你看中的是一個解字，但是名師看重的是一個求字，既

然是有求於人，那態度就不能太傲慢，很多人總以為自己是花了錢的，就很了不起，就可以不用尊重別人，但是要明白一點，這裡花的錢買的可不是珠寶首飾，也不是名車別墅，所以這裡不會有服務人員對你百依百順，你在名師面前求的是怎麼解開自己的疑惑，怎麼化掉命運中的凶相，可不是日常生活中簡單的買賣，所以，要求解，就要擺出「求」的姿態，要虛心，要誠懇，名師才會盡心盡力的幫你，要不然，這種洩漏天機有損自己的事情，不是只要給錢就誰都願意幫你做的，這一點一定要牢記，在求學的過程中，一定要要保持謙卑的態度，誠懇虛心對自己肯定不會有害處，但是相反，傲慢無禮，不肯等待，出言不遜，恐怕到最後有的是飽嚐苦果。

# 什麼是起名五要素

　　起名五要素，指的就是一個人名字的讀音、含義、意境、形狀以及命理五行補遺，起一個名字要考慮這麼多因素，的確是一件不容易的事情，而中國漢字又那麼博大精深，搭配的問題也是十分讓人困擾，加上周圍的人意見不一，所以很多人會不禁疑問，到底什麼樣的名字才是好的名字，這裡，我們簡單的從名字的讀音和形狀這兩點來說說什麼樣的名字才是比較好的。

　　先說名字的讀音，一個人的名字，一生中被別人叫的次數很多，所以對於名字的讀音，這裡有幾點建議：

　　首先減少生僻字的使用，因為生僻字有很多人會有拿不准怎麼念，或者甚至不知道念什麼，這會在別人讀名字的時候帶來一些小麻煩，甚至會造成笑話，家長們可不要為了一時的標新立異而給自己的孩子添麻煩。

　　第二是要注意平仄的搭配，何謂平仄？中文拼音中的一聲和二聲就是平，三、四則是仄，講求平仄的

搭配，就是說如果姓氏為平，那麼名字就儘量選擇仄聲，反之亦然，這樣念起來才比較有抑揚頓挫的美感，如果都想使用平聲，就注意陰平和陽平的搭配，像江航這個名字，姓氏就是陰平，名字就是陽平，雖然都是平聲，但叫起來依然朗朗上口。

　　第三，儘量多用開口音，因為開口音和閉口音的發音位置不同，所以開口音聽起來更響亮一些，像是「亮」字聽起來就要比「業」字響亮。響亮的名字也可以在某種程度上提高孩子的運勢。

　　第四要注意不良諧音的避免，不好的諧音，在別人叫你的名字的時候，往往會產生不好的想法，人是有念力的，一來二去的，很多人都有這樣不好的想法，恐怕慢慢就會成真，所以起完名字之後最好多念幾遍，看看有沒有什麼不好的諧音，甚至可以嘗試著變換幾種方言念念，謹慎一些總是比較好的。

　　再說名字的形狀，一個人的名字，除了被別人叫，最多的用途恐怕就是自己的簽名了，所以除了發音之外，形狀也很重要，不管是明星還是路人，不管是大領導還是老百姓，總有這樣那樣的機會簽前自己的名字，而且機率很高，所以名字的形狀是一件很重要的事，下面就針對名字的形狀提一些建議。

　　第一，就是要注重姓氏和名字的整體協調性，不

能頭重腳輕，也不能腳重頭輕，也不能兩頭重中間輕，這樣的名字寫出來都不會很好看，所以，取好一個名字，如果讀音上沒有問題，就寫出來看看，能夠高山流水錯落有致那是最好，若果不能，最起碼也要工工整整，協調尤佳。

第二，難檢字的選擇要慎重，可能選用一個難檢字，你的孩子的名字會很標新立異，但是要想著以後做戶口登記，報名考試等等需要電腦登記姓名的地方，這樣的難檢字也許很難在電腦裡查到，甚至根本查不到，所以，選好名字後不妨先用電腦試一試，以免對以後的生活造成不必要的麻煩。

第三，如果想選用一些筆劃數較多的字，倒也不反對，但是建議選用單個字結構較好的，四平八穩的字也給命運帶來一個好彩頭。但是儘量還是選擇字形、讀音和結構都比較簡單的字比較好。

# 什麼樣的痣才是好痣

　　不同人身上會有不同的痣，不同的顏色，不同的深淺，不同的大小，不同的位置，不同的痣昭示著不同的人的不同的運勢。所以痣的好壞跟運勢的好壞有一定的關係。要根據痣的大小、顏色、凹凸、深淺、色澤、著毛與否來綜合判斷。

　　所謂得善痣，就是說痣的面積不是很大，顏色或黑漆，或紅如朱，或白如玉、膨凸、有光澤，痣的周圍色澤美好，有長毛的更好，所以可想而之，與之相反的就是惡痣，也有人稱死痣。

　　簡而言之，色澤美好，或黑亮圓潤，或紅潤流光的痣，其實都屬於好痣。如果色澤混雜，痣不圓潤，都不是好痣。

　　比如說，長在身上的痣如果是紅色，就為善痣，否則即為凶痣。而且，總括來說，好痣坐於好位可事半功倍、好痣坐壞位或死痣坐好位，則會讓人吉凶難料。而死痣坐壞位，肯定是不吉利了。那麼，什麼樣的痣長在什麼地方是不好的呢？

　　簡單的說，黑痣是不好的，根據古文總結，凡黑

痣生於顯處者，多凶；生於隱處者，多吉；生於面者，皆不利也。痣之黑者，其色黑如漆；痣之紅者，其色紅如硃，善痣也。帶赤色者，主口舌，爭竟；帶白色者，主憂驚刑厄；帶黃色者，主遺亡失脫。此義理之辨也。大凡面部黑痣者，七星、五星，左富右貴；左眉主財，右眉主壽。誦堂、聽堂、主聰明；子宮五、六七三台者，主貴子；其他皆不為貴也。自髮際至地閣十三部位，並不宜有，若具紋痣，行跟至此，必大災，破財，甚至死亡；如男女宮有，則損男女；夫妻宮有，則損夫妻；又僕宮有，則不得奴僕力，俱詳載於後，宜熟玩之。

古文中對男人和女人臉上的痣圖也有不同的說法，經云：面無善痣。一語已概括其大致。而緊要部位。亦不可不知也。然貴少錢多。凡痣宜隱藏則吉。露出則凶。

古有額橫七星。雖帝王亦凶危而奔馳。此創業者流也。其他不足言矣。黑紅而高者為痣。紅而平者為記。黑平者為斑。少年生活者為雀斑。則疾苦而夭。老年生者為壽斑。則福祿而壽。或言關聖額有七星。其後亦遭凶亡。其不吉可知。未有言創業者。臆度耶。亦有實險耶。俟後查之。右識。

關於男人和女人身上的痣說法也不盡相同，公篤

曰。全身之痣。惟結喉一痣最凶。男女皆不得正命而死。或刀槍死。或惡疾死。或自縊產難而殞。富貴貧賤皆然。腰腎痣亦不好。男主弱疾夭壽。富貴之婦女。主私淫。常人則為娼妓奴僕等類。痣佳者。惟足心生正方貴。次則陰上。又次則臍之上下。又次則膝乳螺骨。其他則鮮驗。

所以，要根據上面的資料參考著留下自己的善痣，消去惡痣，已增加自己的好運勢。

# 不同部位的痣代表什麼呢

　　看一個人痣的好壞，除了看大小、顏色、凹凸、深淺、色澤、著毛，還要看位置。只有瞭解痣所在人體位置代表的意義，就可以透過觀痣的外觀來判定人究竟有什麼運道。

　　代表夫妻和戀愛的痣，可看眼睛周圍，如印堂、魚尾（眼外角）、奸門（太陽穴）、臥蠶（睫毛下）及淚堂（眼下）。胸、手、膝上的痣，也與夫妻關係有關。

　　代表財運的痣，可看鼻子和下巴，如垂珠（耳垂）、準頭（鼻下）、金甲（鼻翼）、地閣（下巴）；也可看臀部上的痣。

　　代表感情的痣可看口及眼睛，如水星（口型）、魚尾、奸門、夫座（左眉）、妻座（右眉）。

　　代表田宅的痣可看下巴及眉眼間，如地閣、田宅宮（眼皮）、山林、天倉。

　　代表兄弟的痣，可看眉間，也可看脖子。

　　代表家庭的痣，可看上庭部位，即天中（額上）、天庭（額頭）、天基（額下）、日角（左額角）、月

角（右額角）；也可看脖子。

代表子女的痣，可看下眼瞼，即臥蠶、淚堂、人中。

代表外出的痣，可看額頭和下巴，即邊地（下巴）、高廣（額頭）、遷移（眉尾）、驛馬（額角骨）。

代表社交痣，可觀眉與臉頰，主要看顴骨。還可看手腕、手臂內外側，還有腋下。

代表工作的痣，可看額頭和臉頰，即天中、天庭、中正、印堂、顴骨；還可以看手腕、手臂、腋下、左膝、大腿和腳。

得知痣所屬部位，及其所代表的意義再詳看痣形、痣色和痣質等，人們就知道自己的痣生得吉凶禍福。

# 什麼樣的人最「好命」

　　一般人認為，一個人福祿壽喜財樣樣兼得，那他或她就是一個超級好命的人了。在傳統的命理學理論裡，所謂的「命好」不外乎「富貴雙全」。即使富貴不能雙全，也要得其一，至少表示自己的命不差。

　　如果端從八字來看，八字中的富與貴即是官運與財運。根據五行生剋來推算八字，如果八字中見官，無論正官或偏官，皆說明此人有貴格，至少可得一官半職。如果八字中見財，無論正財或偏財，則說明此人有富格，無論錢是正途賺來，還是得橫財一筆，總之以後不會缺錢。假使此人的八字中既見官又見財，說明此人是大富大貴之人。

　　不過我們應當知道，八字推官、財只是一個方面，一個人是否有真正的貴格或富格，必須要看日主天干是否強旺、官星和財星是否有力以及大運是否能配合等因素，另外，面相、骨相、手相也得較佳，對於一個人的運勢才有所幫扶。這樣的人才能成就真正的富與貴。

# 「歹命」就容易孤苦無依、貧困潦倒嗎

　　分析一個人的紫微斗數，如果此人的財帛宮、命宮等宮格逢煞星，他的吉格就會變成破格。例如天府或武曲落到命宮或財帛宮的人，這種人原本會是懂得精打細算的人。但此刻他的命宮如果同時有煞星，紫微命盤中就會顯示此人虛有其表，也就是容易成為打腫臉充胖子的散財童子，而非聚財之人。

　　以八字算命來推測，一個人如果日主較弱，就說明此人先天的根基較差，或是沒有信心或毅力，遇到挫折常會被擊垮，此人的成功較為渺茫的。如果日主太強，則說明此人太有個性，或者清高，或者自以為是，或者過分獨立，對任何事情都不放在眼裡，這種人容易恃才傲物，不得主管之心，引起物極必反。

　　八字裡講究中庸，什麼太強或太弱都不是好現象，所以如果八字裡日主太強或太弱都算是歹命。這種人應當有意識地克服本性中的弱點，否則很難交到好運。

　　總之一句話，歹命之人與大富大貴肯定是無緣了。不過，一個人擁有歹命的命格並不代表此人一輩子都

會走霉運，過著家徒四壁、窮困潦倒的生活，命盤和八字只顯示一個人的天生命途，凡是有歹命命格的人，大多是與財帛無緣，但還是可以過平平安安的普通人生活。命途雖然坎坷，但運勢不一定就總是很背。逢流年行大運時期，配以絕佳的風水之術幫扶，也能收穫頗多，不過多是有限的益處，人還是應當知足。

其實，生活中只要擁有樂觀、積極的心態，再加上努力奮鬥，也會獲得幸福與快樂，甚至到達成功的彼岸。

# 剖腹產的孩子生辰怎麼算

中國人向來信仰人命天定，所以崇尚自然行為，並且認為一切人為干涉自然發生的事情都是與上天爭奪權力，會帶來不良的影響，剖腹產也是一種非自然的行為，特別是當今社會。

很多人試圖透過剖腹產來人為地製造孩子的生辰，這種做法到底能不能影響到孩子的命運，其實這一問題還在爭議當中。

其實所謂八字，並不是以人的個體離開母體這一表面現象來定奪的，所以，無論是早產、晚產、順產或是剖腹產都不會影響真正意義上的生辰八字，八字是人註定的命運，並不因為哪一種出生方式而改變。所以想要靠剖腹產來改變孩子一生的命運，還是要根據天意。

若此人註定一生福氣，那剖腹產必然也順利；但如若此人八字註定運氣不佳，那選定時辰進行剖腹產也不會順利，現代的醫學雖然尖端、科學，但是還是有很多事情用科學無法解釋。

總之，剖腹產生下的孩子的八字是相同於順產生

下的孩子的，但是若是為了給孩子人為的改變八字來使前途美好，一定要慎重，要找專門測算八字方面的高手來預測一個時間進行剖腹手術，否則找錯了人，或者是所找之人資質平平，反而會誤了孩子的一生。

# 姓名跟命運真的有關嗎

人的命運與姓名是否真的有關，答案自然是有，因為命與姓名都是陪伴人一生的東西。人是社會性的動物，所以他或她一定會有人際關係，而人際溝通就是以交換姓名為基礎的。姓名代表人本身，它傳承了人的情、意、志，蘊含了人的精、氣、神，而命與名互相為用，生命的八字好比身體，而姓名好比精神，精神旺則身旺，精神弱則身弱。

姓名具有極強的暗示作用和不可抗拒的資訊誘導作用，它的暗示能力和誘導力幾乎能夠支配人的命運。一個人的姓名起得不好，容易為其找來禍患，甚至致使人變得病弱。當一個人的八字足夠旺的時候，卻有一個極不好的名字，容易讓他被其他人忽視、非議、取笑甚至厭惡，繼而影響一個人的運勢。

如果一個人的八字不好，可是卻選了一個又好聽且大吉大利的名字來補救或輔助，那麼此人就常會被人記住、矚目，繼而為人增強自信心，從而使一個人在做事時充滿勇氣和魄力。

中國有句古話：「名正言順。」意思是做事的名

稱響亮正派，其事易成。而它的原意正是名字起得好，談吐也就自然有品位，易於被人聽進去，並得到他人的信服。由這句古話看出，中國人重名字的特點。

名字是一個人的形象、層次和品味的代言，反應出時代訊息，及人對當下社會的看法和對未來的期望，所以它由此而蘊含了天地玄機。

古人起名字，都要看八字日主的五行和缺失的五行，然後用名字裡的字來補充所缺的五行。人們常說姓名有三才，三才配置得當才能走旺運。八字弄清以後，缺什麼補什麼。例如一個人的八字裡五行缺金，那麼名字就常取「鐵」、「鋼」、「鑫」之類的字。還有，一些人八字中的五行用神本該旺卻不旺，人們就會透過起名來增加用神的旺度。當然只增加旺度還不夠全面，還要有吉祥數理配合，即是指字體筆劃數的配合。

姓名筆劃數（繁體字）比較吉祥的數字為：1、3、5、8、11、13、15、16、21、23、24、25、29、31、32、33、35、37、41、45、47、48、52、63、65……女子起名需要避開孤寡數，例如：2、21、23、27、29、33、39……

吉祥筆劃數對人的命理用神幫扶作用較大。人們不可忽視好名字對自己人生事業的影響。

# 改名字真的可以轉運嗎

　　「命」為天定，「運」由人為。這些在前文已經說過。而名字對於一個人一生的影響前文已有肯定的答案。許多人將自己的名字拿到「大師」那裡測算，發現名字起得並不佳，於是便想透過改名字來轉運。

　　姓名學的理論中顯示，一個人的名字對人的影響要經過十幾、二十年的時間，所以人們一開始起名時就應當謹慎小心。即便後天發現名字不好，透過改名字來轉運，也不是一時半刻就能發生運勢的改變。所以民間才有一種說法，三歲以前改名字才有用，三歲以後格局已定，再改是沒用的。在「一命二運三風水，四積陰德五讀書」的看法裡，姓名對一個人的影響力甚小，遠不如自身後天的努力。

　　不過，現在仍有很多姓名學研習者認為改變常用名字對人的運勢有很大幫助，而許多人也這樣認為，所以對測算改名趨之若鶩。

　　其實，一個人的名字對運勢影響只能說可大可小、因人而異，那些透過後天的堅忍不拔和勤奮努力的人，也能夠改變命中所帶的煞氣。

# 改姓後，命運會有所改變嗎

通常來說，人們改名字的現象較多，但改姓者很少，一般改姓的人多是女性隨夫姓，或者是子女因母親改嫁而追隨後父的姓。

在姓名學當中，人改姓之後，除了原有的地格不變外，其餘如天格、人格，以及總格都會有所轉變，其命格必然有所變動。所以一般人認為，如果改姓的話一生命運將會有所轉變。

其實，人的性格或運勢是否會改變，不會很明顯的因為名字的改變而浮現。主要還是取決於此人的生活環境和所接觸的事物。不僅如此，很多人年幼的時候改變名字，其五格對人本身的影響或許會大一點。如果是在年齡較大的時候改姓，對人命運影響幾乎是微乎其微的。

# 取名字最忌諱的是什麼

　　先前說到起名時要注意的幾個要素，只是簡單的從名字的形狀和讀音上來說的，其實取名字時要住的還有很多，一個人的名字在過去，通常要考慮的很多，可能要看時辰，看父母姓名以及出生地點等等，比如說一個孩子叫何曉林，可能寓意的意思就是拂曉時分出生在樹林旁邊的小孩，當然還有人再取名字的會運用五行、八卦、奇門遁甲等算術中的符號，不過不管用什麼方法，都要慎重，否則不能幫助自己改變運勢事小，一旦有害自己的運勢就是大事了。

　　首先從簡單的來說，所選的名字不管是字義還是字形都不能太過簡單，那樣會顯得很庸俗，當然也不能一味的為了求新而選用一些生僻字，第三點要注意的是，從字面字音上很難分辨出性別的字要少用，第四點要注意的是祖先的名字要注意避諱。還有，拗口的字也儘量不要用，自己的名字別人念起來較多，拗口的字會有諸多不便

　　還有要注意的就是五行的搭配，這個是有很多人多知曉一點的，比如說，一個人名字叫做王鐵森，鐵

在五行中為金,而森為木,無形之中金恰恰是剋木的一行,一個人的名字中出現五行相剋的局面,對個人的運勢一定會有不好的影響。

前面已經說過,一個人的命運的大體走勢是基本用什麼方法也不會改變的,但是有一樣是可以改變的,那就是每個人都要行走的大運及流年。為什麼這麼說?因為天干和地支的不同搭配,是會造成不同的流年大運的,所以在這一點上,我們的命運常常會給我們一些改善的機會。

名字是一個很重要的方式。一個名字的形、音、義都非常的重要,因為他可能會改善或者惡化它的主人的運勢,這完全取決於它是否符合其主人的命局,就像一件衣服以一樣,名字就相當於穿在主人身上的衣服。合不合適?層次高不高?就看人們如何選擇了!所以一個名字的結構、形狀是否美觀、協調,就相當於一件衣服的款式是否美觀宜人;名字的讀音是否響亮、動聽、悅耳,相當於一件衣服的顏色漂不漂亮,是不是自己喜歡的;名字的意義是否含義美好,耐人尋味,寓意深刻,內涵豐富,就相當於一件衣服的選料質地是否高檔、富貴、華麗。

所以說,好的名字最起碼的要素就是要符合主人的命格,也就是說,金木水火土這五行當中,要看個

人缺少什麼，缺少什麼名字終究要補充什麼，就好比個人所穿衣服的號碼大小，太大了顯不出你的氣質，弄巧成拙；太小了則不合穿，會讓自己很難受，衣服的大小就像是五行的選擇，是取名字最基本的要素，符合了五行，再找適合自己流年運勢的字，這樣的名字才能夠達到改善自己運勢的作用。

# 雙胞胎的命運也有區別嗎

我們都知道,雙胞胎是同年同月同日生,連出生的時間都相差不出一個小時,所以如果不是逢時辰的變更,那麼雙胞胎的紫微斗數命盤、生辰八字都是一模一樣。根據這種說法,按理二人的命運應當是幾乎相同的。不過,由於雙胞胎受後天環境影響,其人生觀和世界觀會發生各式各樣的改變,因此也會造成二人的性格和行事方式不同,所以他們的命運不可能相同。

另外,雙胞胎如果是一男一女,其陰陽五行就會發生變化,命格雖相同,大運卻完全相反,命運自然也就各走一途。

世界上不乏紫微斗數命盤相同的人,但是每個人的名字、生活際遇都會給人的生活帶來翻天覆地的變化,所以人與人的命運決不可能完全相同。

# 為什麼要行善積德

一直以來，人們皆認為善有善報，惡有惡報，所以產生了「行善積德」的想法。行善真的就能給人累積德性，讓一個人平平安安有福報嗎？

古人有「放生」為自己積德的方法。由於人們為了一逞口舌之欲，所以對於自然物質的奢求變得越來越大，為了能享受美味、圈養寵物，所以對於動物的迫害愈演愈烈。

各式各樣的生猛海鮮被端上人類的宴席。諸如熊掌、猴腦之類，更被認為是營養元素含量極高的珍饈佳餚。而事實上，人類就算不吃這些東西也未必對身體有損，不過是為了享受美味罷了。

一些信仰宗教的人認為，放生不僅給了動物死裡逃生的機會，冥冥中也為自身安排了一條後路。從消罪解孽和積善種福方面來說，其無形的功效更是不可估量的，對於患有頑病怪疾，或求壽、求子、求健康的人來說，「放生」尤為重要。

放生是人們行善的一種方式，而行善還有很多方法。不過，行善必須要有節制。對命中相剋之人行善，

無疑是「助長他人氣焰，滅自己威風」的作法。與自己相剋之人不一定是我們所認識的人，還有那些與我們形同陌路的人士。所以亂「積德」，有時還會破壞自己的運勢。

# 你的幸運痣在哪裡

　　西方人看星座，重黃道十二宮，而東方人看紫微斗數，又重相術。所謂相術，並不單指觀面相或觀手相，一個人全身的骨骼、血肉、膚質、外觀形態、甚至行走姿勢，都屬於相術的範圍內。

　　看相在中國是頗受歡迎的，而痣相學一直為人們所重視。中國人的算命傳統裡，一個人的痣長成什麼樣子，跟這個人的命運大有關係。根據中國的農曆時間計算，算命師發現不同月份出生的人，其幸運痣所在的位置都不相同，而且他跟西方的星座有關。

　　那麼，我們就來看看，究竟十二星座其幸運痣是長在哪些地方？

◆ **水瓶座**（1月20日-2月18日）

　　幸運位置：頭皮、手腕、腳跟

　　寓意：集知性與感性為一體的水瓶座，在幸運痣的幫助下，會結交更多的知心朋友，人緣佳且運氣非常好，易得好名聲。

◆ **雙魚座**（2月19日～3月20日）

幸運位置：腳

寓意：富有浪漫思想的雙魚座，若腳上有痣，易受到提拔，如果痣生在腳底，則顯示此人感性十足，富有人情味。

◆ **白羊座**（3月21日～4月19日）

幸運位置：前額和臉頰

寓意：積極好動，愛冒險的白羊座，如果臉上和前額有痣，表示這種人集智慧和勇氣於一身，能夠一展長才，成就一翻事業。

◆ **金牛座**（4月20日～5月20日）

幸運位置：耳朵、脖子

寓意：細心、穩重的金牛座，耳朵和脖子上的痣更能突出此人溫柔多情，而耳朵上的痣能為人帶來財運。

◆ **雙子座**（5月21日～6月21日）

幸運位置：手、鼻下、肩膀

寓意：雙子座的人本身就才思敏捷，而手、鼻下、肩膀的痣能使其更有智慧，增強其交際能力，為自己提高名望。

◆ **巨蟹座**（6月21日～7月22日）

幸運位置：胸

寓意：敏感、顧家的巨蟹座，胸口上如果有很大的痣，且色澤佳，有機會成為社會名人。

◆ **獅子座**（7月23日～8月22日）

幸運位置：眼旁、背部、肩膀

寓意：有領導慾望的獅子座，在背部或肩膀有很大的痣，且色澤佳，表示他能成為領導型人物。如果眼旁有痣，表示其常能交上好運。

◆ **處女座**（8月23日～9月22日）

幸運位置：腹部、肚臍

寓意：完美主義的處女座過分苛刻，如果其腹部與肚臍附近有痣，常常能軟化這樣的人的戾氣，使其廣受歡迎。

◆ **天秤座**（9月23日～10月22日）

幸運位置：腰部、下顎

寓意：天秤座的人善解人意，腰部和下顎有痣可以得貴人相助。在左右為難之時，朋友紛紛出手相助，其人緣和桃花運相當好。

◆ **天蠍座（10月23日～11月21日）**

幸運位置：嘴唇周圍

寓意：外冷內熱、敢愛敢恨的天蠍座，其個性十足，嘴唇附近的痣能增加個人的魅力。這個部位的痣還能使天蠍座的第六感更為敏銳，其判斷力上得到加強。

◆ **射手座（11月22日～12月21日）**

幸運位置：臀部

寓意：射手座的異性緣一向很好，是理想主義者，其臀部上的痣可以加強其運動神經，助其出人頭地。

◆ **摩羯座（12月22日～1月19日）**

幸運位置：下顎、膝蓋

寓意：耐心與毅力驚人的摩羯座，其下顎和膝蓋有痣能增其活力，使其意志力更加堅強，做事貫徹始終。

# 你是能安享生活的人嗎

傳統相學講：手足細膩，一生清閒。面皮滑澤，一生安樂。眉毛疏淡，一生清閒。骨骼清雅，一生安寧。神清氣爽，一生聰慧。

無論是從相學角度分析，還是從邏輯學角度分析，上面這番話都是很有道理的。一個人手足細膩，表示所生的家庭非福則貴，要麼至少是不用自己奔波勞碌的家庭。這種人在父母寵愛下長大，從不勞作，所以手足細膩，其一生清閒在所難免。面皮滑澤也是不經風吹日曬的表現，這樣的人養在「深閨」，什麼事情都不用擔心，自然過得安樂。

眉毛疏淡，表示此人心寬體胖，凡事都不會煩惱，因為心態的關係，即使遇到難事也毫不皺眉，端從此看，就知道這人肯定能清閒。而骨骼清雅、神清氣爽，表示一個人身體好，心態好，在這類人面前，任何難事都會轉化為易事，所以當然可以過得安樂。

## 出生在不同時辰，你究竟有什麼優勢呢

出生在不同的時辰，人們所具備的大體優勢是不一樣的。

子時出生人：品性較佳，有成就大事的運道。災禍對其避走，此人多容易出類拔萃，有白手起家的運勢。不過還要看其財帛宮中是否有煞星。

丑時出生人：天生有種高貴感，好權勢，有福祿命，但勞累一生，多有疾病。

寅時出生人：聰明靈秀，外表出眾，多才多藝，易得權勢。但是背井離鄉之命，早運衰微，但晚年發家致富，財源廣進。

卯時出生人：無法得家人之利，只能靠自己。早運、中運欠佳，但晚年不錯。

辰時出生人：多勞碌一生，中運為破財之兆，但早運和晚運安享。

巳時出生人：聰明伶俐，學識過人，萬事美滿。能自立門戶，以興大業，不過必然勞苦一生，不會省心，而且和家人的情感較淡。

午時出生人：大方和氣，能夠興業，財福無缺，為人善良，安享一生。

未時出生人：奔波勞碌，從不得閒，中年會有災厄，如能順利度過，晚年必見財祿以補償人身損失。

申時出生人：一生孤獨，六親不近，避開不好運勢的方法就是晚婚，才能得賢妻孝子，家庭生活和官祿生活才能美滿。

酉時出生人：個性太強，所以戾氣較多，因此一生從事的事情多為殺戮。親緣不佳，和家人多分離。直到晚年才能享受親情和財富。

戌時出生人：足智多謀，聰慧伶俐，一生有福。不過要看其生活環境，才能決定是否有漏福的現象。如果祖上積德，此人多能得到餘蔭庇護，喜祿集身。

亥時出生人：多長壽健康，聰明伶俐，心態溫良，慈孝忠全，較為仗義。這樣的人一生平安，頗受歡迎，容易積累威望，多得到他人的報答。

# 批命結果不準確的
# 原因是什麼？

批命要考慮很多因素，有一點錯誤就可能完全改變了結果，總結起來，原因如下：

第一可能是未填寫正確的時辰：若生時提供正確，卻剛好位於節氣的交接；就不能很簡略的填寫某某時，光是命盤，就有可能錯誤嚴重！

舉例來說：根據辯正百年曆（陳品宏）排命盤，男，生辰為農曆民國八十八年十二月二十九日二十時四十四分生，命盤為：己卯、丁丑、壬辰、庚戌時。但如果生辰只延後一分鐘，此人的命盤就變成庚辰、戊寅、壬辰、庚戌時。

第二是新年伊始，在節氣的起算上存在異議，大部分命理師以傳統的理論為依據，即以立春作為每年的第一個節氣；但是，命理新論作者吳俊民前輩，卻恰恰相反，極力主張以冬至為每年的開始節氣。

第三便是子時劃分不仔細，每天的開始時凌晨零時零分，但是大部分命理師把子時細分為，夜子時和早子時，前者屬於今天，是壬辰日，而後者屬於明天，

是癸巳日。所以，若果不細分子時就開始排命盤，其準確率當然會大大降低。

第四便是因為萬年曆的說法不一，不同本萬年曆的節氣交接時間一樣不同，例：農曆民國八十九年立春的時間，辯正百年曆（陳品宏）為農曆民國八十八年十二月二十九日二十時四十五分；但是八字命盤軟體（參考林啟元所著萬年曆）為農曆民國八十八年十二月二十九日二十時三十二分。

倘若批命者給出的生辰正好是這個時辰，就要選擇一個信賴的大師所提供的萬年曆，否則結果也是相差甚遠的。

第六點是被批命者的認知差距：就是說很多的人，其實都是中等命，但是一旦算出有凶相，便整日鬱鬱寡歡，時間一長命運自然真的衰起來，而一旦算出有吉相，便興高采烈，如沐春風，命運隨之就真的好了起來，但人們往往看不到好的一面，所以總覺得壞的才算得準，所以，不管如何，要擺正心態，相信凡事可以趨吉避凶，可以大事化小小事化無，這才是正確的心態。

另外，命運為本命＋大運＋流年月日的判斷，可以看出過去、現在、未來很接近之輪廓；但是，若能更瞭解現況判斷未來之準確度必定更能細膩精準！

　　第七點是批命老師的個人狀況，比如體能、精神狀況若不佳，命格、會合刑沖；這點要加以選擇，另外偶有閃失、筆誤，在所難免，可以理解，但若常常犯錯，那麼就要重新考慮另一位新的老師了。

　　最後一點最為重要，就是批命老師道行問題，導致了準確率的高低。

# 衰命能改嗎

　　每個人都有走霉運的時候，例如八字五行中以木為喜用神，可是五行主木卻衰弱無力，人們就只能透過各種方法進行後天彌補，驅除衰運。

　　改命法有很多，人們最常用的方法就是用風水、婚姻等方式來改命。透過風水擺位來改命的有方位調節、住宅方位調節、睡眠方位調節等方法。

　　方位調節法按照五行來說就是，木為東方、火為南方、土為出生地、金為西方、水為北方。八字的喜用神是哪一個，就到哪裡去發展，這樣就比較容易發達，還能驅走霉運。

　　住宅方位調節也是按照喜用神的位置來購買屋宅。例如八字以木為喜用神，住宅宜坐東向西；八字以火為喜用神，住宅宜坐南向北等。睡眠調節法也依此為理，例如八字以木為喜用神，宜頭朝東方腳朝西方睡等。

　　還有的人透過改名來轉運，這種方法要根據年齡的大小來判斷其轉運作用的大小。

　　一些比較特別的轉運法，例如飲食和醫療調節。

例如八字以木為喜用神，應多吃溫性食物，以利肝膽；如果八字以火為喜用神，宜吃熱性食物；八字以土為喜用神，宜吃中性食物等；四柱八字以金為喜用神，宜吃涼性食物；四柱八字以水為喜用神，宜吃寒性食物或魚類。藥物調節法與食物法頗為相同，例如八字以木為喜用神，可經常吃溫性之藥物等。

不過，藥物和食物調節法較弱，也未必有明顯效果，而人的體質也各有不同，亂吃藥物和食物是不利的，還需慎用。

改運之法有很多，大多數屬於風水學的範圍，在此就不一一介紹。

人們對自己的先天命運多少有一些不滿意，於是便有了後天人為改命法，這主要是根據八字上的五行喜忌來進行的。後天人為改命法可透過方向、職業、顏色、用具、名字、飲食、藥物、地理環境、住宅方位、選擇配偶、交友等來進行。主要有以下若干種：

### ◆ 一、做善事改命法

俗話說：「善有善報，惡有惡報。」萬事皆有其因果，擇其善者而從之，擇其不善者而改之。古人以善為美德。行善積德是人們修身養性的一種方法，也是對曾經所做惡事的一種解脫。可透過捐款物、救濟撫恤孤寡老人、幫助失學兒童重返校園、修橋鋪路、

無償貢獻血液、放生等行為進行改運。

#### ◆ 二、名字改命法

名字是對人和事物所做的「記號」，為了區別方便罷了。起個好名字固然好，但名字不好也未必有什麼害處。有人為了起個好名字，於是就根據四柱八字陰陽五行之組合，找出用神，然後把用神之五形演變為能夠代表該五行的某個漢字進行搭配（漢字之五行以筆劃數為準）此為從名字上改命。

#### ◆ 三、衣服、用具顏色改命法

根據四柱喜用神五行所屬之顏色，選擇與喜用神五行顏色一致的衣服或人身裝飾品或用具進行補救。如命局喜火，火為紅色，就適合穿著紅色衣服；命局喜水，水為黑色，適合穿著黑色衣服。如喜用神所屬的顏色為綠色，可選綠色，青色的生活與工作用品。如傢俱、床單被褥、牆布牆紙、地板磚、綠色之鉛筆、鋼筆等。

#### ◆ 四、方向改命法

1、四柱以木為喜用神，宜往出生地之東方求謀發展。

2、四柱以火為喜用神，宜往出生地之南方求謀發展。

3、四柱以土為喜用神，宜在出生地求謀發展。

4、四柱以金為喜用神，宜往出生地的西方求謀發展。

5、四柱以水為喜用神，宜往出生地的北方求謀發展。

## ◆ 五、住宅方位改命法

四柱以木為喜用神，住宅宜坐西向東。

四柱以火為喜用神，住宅宜坐北向南。

四柱以土為喜用神，住宅宜坐北向南。

四柱以金為喜用神，住宅宜坐東向西。

四柱以水為喜用神，住宅宜坐南向北。

## ◆ 六、睡眠方位改命法

四柱以木為喜用神，宜頭朝東方腳朝西方睡。

四柱以火為喜用神，宜頭朝南方腳朝北方睡。

四柱以土為喜用神，宜頭朝南方腳朝北方而睡。

四柱以金為喜用神，宜頭朝西方腳朝東方而睡。

四柱以水為喜用神，宜頭朝北方腳朝南方而睡。

#### ◆ 七、工作學習坐向改命法

四柱以木為喜用神，宜坐東面西。

四柱以火為喜用神，宜坐南面北。

四柱以土為喜用神，宜坐南面北。

四柱以金為喜用神，宜坐西面東。

四柱以水為喜用神，宜坐北面南。

#### ◆ 八、地理環境改命法

四柱以木為喜用神，宜選擇溫帶區域，多樹木花草之地居住。

四柱以火為喜用神，宜選擇熱帶，大陸性區域及煤礦，電廠地之居住。

四柱以土為喜用神，宜選擇寒帶適中之地及高山，平原之地居住。

四柱以金為喜用神，宜選擇涼性區域及多金屬，礦產之地居住。

四柱以水為喜用神，宜選擇寒冷之地及江河湖泊海洋之地居住。

#### ◆ 九、飲食改命法

四柱以木為喜用神，宜吃溫性食物，食肉食動物的肝膽。

四柱以火為喜用神，宜吃熱性食物，食肉食動物的小腸，心肝。

四柱以土為喜用神，宜吃中性食物及肉食動物的肺胃等。

四柱以金為喜用神，宜吃涼性食物及肉食動物的肺大腸。

四柱以水為喜用神，宜吃寒性食物及肉食動物的腎膀胱和各種魚類。

### ◆ 十、藥物改命法

四柱以木為喜用神，可經常吃溫性之藥物。

四柱以火為喜用神，可經常吃熱性之藥物。

四柱以土為喜用神，可經常吃中性之藥物。

四柱以金為喜用神，可經常吃涼性之藥物。

四柱以水為喜用神，可經常吃寒性之藥物。

### ◆ 十一、數字改命法

五行之數字：木為1、2，火為3、4，土為5、6，金為7、8，水為9、0。

根據四柱喜用神五行所屬之數字，選擇對己有益的數字進行補救，如門牌號、車牌號、電話號碼、手機號碼、樓層等。

### ◆ 十二、職業改命法

根據四柱喜用神五行所屬之行業及十神寓意的行業，選擇適合自己且對自己有益的職業，此為職業改命法。

### ◆ 十三、選擇配偶改命法

根據四柱喜用神五行旺衰及有無，選擇對方的四柱，八字中有有利於自己的五行八字的人，作為自己的命局所喜之配偶對象，此為選擇配偶改命法。

### ◆ 十四、選擇交友改命法

交朋友也是根據命局結構看是否適合和某種性格或特性的人相處。如命局中火或比劫為忌的人一般不適合合夥行事，恐遭朋友背離。

### ◆ 十五、修心養性改命法

可透過修練有益的氣功、練書法、繪畫、養鳥、栽花種草、學習文化科學知識等，不斷加強身心修養，改掉不良之個性及心性。

# 真的是左眼跳財、右眼跳災嗎

　　民間有句俗語說：左眼跳財，右眼跳災。而在《易經》的記載，眼皮跳跟五行和東南西北四宮神獸有關。四宮指的正是青龍、白虎、朱雀、玄武。而不同時間的眼皮跳，表示的內涵都不相同。

　　例如《易經》裡記載：「子時：左有貴人，右有酒食。」講的是在子時左眼跳會遇到貴人，而右眼跳會有酒食之事，也就是會逢宴席。用五行和四宮解說為，子時左眼跳，左為青龍甲乙木，在子時為得坎水生助自然為有人相助之象。在子時右眼跳，為右白虎遇子為食神，為水遇酉金為酒食之象，所以說右有酒食。

　　後來，人們根據《易經》的記載，總結出如下內容：

◆　**子時**：23：00～01：00前

　　左眼：意外之喜降臨，會有不錯的好運，你的心臟要強一點，別興奮過了頭。

　　右眼：有人請你吃飯，可以省下一筆錢，但是這

個人的目的不明，你要多多斟酌。

◆　丑時：01：00～03：00前

左眼：家中最近很麻煩，大小事困擾著，不知該怎麼辦，短期內一籌莫展。

右眼：有人思念你，有可能是家中長輩，他們牽掛你太久了，有空打電話關心一下吧。

◆　寅時：03：00～05：00前

左眼：會有朋友自遠方來，狠狠吃你一頓！如果你並非別有所圖或手邊閒錢多，接到朋友電話一定要裝出忙的樣子。

右眼：家人有機會得到意外之財，例如忽然中了獎，也有可能丟掉的錢又找回來了。

◆　卯時：05：00～07：00前

左眼：貴人貴客報到，讓你生命重現曙光，多留意忽然出現在你身邊很久不見的朋友。

右眼：平安順利，不必過於擔心可能發生危險的狀況，吉人自有天相，安心睡覺吧。

◆　辰時：07：00～09：00前

左眼：人際關係會變好，許久不見的朋友再次相逢，可能捎來不錯的喜訊。

右眼：錢財就這樣不知不覺地流失掉，花了許多冤枉錢。

◆ 巳時：09:00～11:00前

左眼：會有好處可以撈，目前的你頗有利用價值，別人都會讓你三分。

右眼：開車小心，提醒家人多注意平安，危險可能會出現在四周。

◆ 午時：11:00～13:00前

左眼：長期耕耘總算有了結果，你可以鬆一口氣了，準備享受成果吧。

右眼：意料之外的事情會發生，還好機率不高，要繼續保持警惕才好。

◆ 未時：13:00～15:00前

左眼：你可能在打賭或玩麻將時輸了不少錢，別等輸光了再後悔。

右眼：有好事發生，但屬於微不足道，你也不會很高興的那種小事。

◆ 申時：15:00～17:00前

左眼：忽然想起什麼事情嗎?快點去做，當下想到的，最容易成功了。

右眼：異性緣佳，你的貴人就是異性，他們對你比同性寬容多了。

◆　酉時：17:00～19:00前

左眼：為人辛苦為人忙，好在有收穫，幫別人也是在幫自己。

右眼：剛認識的朋友就可以熟得不得了，多交些朋友有益無害投緣的好。

◆　戌時：19:00～21:00前

左眼：有人指派工作給你，不要想太多，快點答應，其他的問題自然會迎刃而解。

右眼：得意忘形了嗎?不要太囂張了，小心小人隨時準備落井下石。

◆　亥時：21:00～23:00前

左眼：在享受闔家團圓、多方肯定的快樂，再加把勁，你會做得更漂亮。

右眼：提防官司糾紛，可能會犯口舌之厄，或者弄壞自己的珍貴物品。

# 心驚肉跳是否真的就是凶兆呢

每當我們有心驚肉跳的時候，都會覺得有大事或不好的事情發生。其實心驚肉跳預示的事物，在不同時辰是有不同含義的。

**子時心驚**：表示有好事將近；肉跳則表示有長輩即將臨門。

**丑時心驚**：表示有兇險到來，小心行事；而肉跳恰恰與此相反，表示會有橫財臨門。

**寅時心驚**：是表示有客人宴請，表示有口福；肉跳表示應該儘快趨吉避凶。

**卯時心驚**：告訴人們腸胃不舒服，要小心飲食，一餐不能吃得太飽；肉跳卻是要收到禮物的象徵。

**辰時心驚**：意味著一直埋首從事的事業會大功告成；但肉跳怎表示有難發生，注意提防。

**巳時心驚**：表示有人正在想念自己；肉跳則是表示馬上有客人來訪。

**午時心驚**：表示有口福，但小心多吃壞肚子；此刻肉跳表示自己會心存疑慮，舉棋不定。

**未時心驚**：表示心儀的人在思考事情，你跟他正

心有靈犀，此刻你應當多關心對方，一通電話就會得到他的青睞；此刻如果肉跳則表示會有雙喜臨門。

申時心驚：表示有重大喜訊即將傳來；肉跳表示招致口舌爭端。

酉時心驚：表示有專人送上喜訊；但肉跳卻表示大事不妙，可能有禍端。

戌時心驚：有貴人來；肉跳卻表示將要遠行，不過順風順水，有人相助。

亥時心驚：正待會惡夢，惡事諸多，小心謹慎；而此刻肉跳則於此相反，表示有大喜臨門。

透過以上的解說，我們幾乎可以看到，心驚和肉跳在不同時辰出現，所發生的事大多相反，也就是說，心驚和肉跳很少出現在同一時間，而當同一時間出現時，不是發生特別不好的事情，就是發生格外的好事。

## 腳趾形狀與女人的個性
## 真的有關嗎

　　相學中對於五根腳趾的長度研究頗多。

　　一些說法當中認為，第二跟腳趾比大母腳趾長，容易不孝，這種說法根據較少。相學研究表明，大腳趾比第二趾短，表示人精力旺盛，毅力十足。但女性如果有這種象徵，表示其過於強勢，應當改改自己的脾氣。

　　大腳趾和第二趾同長的人，通常是比較實在的人，實事求是，獨立自主。

　　而大腳趾比第二趾長，通常人們都是這樣的，這種人藏匿於芸芸眾生之中，個性上並不是特別突出。

# 姓名數理跟性格特點的關係

　　先說什麼是姓名數理，以李四為例，把姓名（現在身份證上的）寫出來後，對照下面的表格，把每個字母對應的數字加起來，得出的數字再相加，直到只有個位數方可。李四的字母是LISI，套用下表：

| 1 | 2 | 3 | 4 | 5 | 6 | 7 | 8 | 9 |
|---|---|---|---|---|---|---|---|---|
| A | B | C | D | E | F | G | H | I |
| J | K | L | M | N | O | P | Q | R |
| S | T | U | V | W | X | Y | Z | |

　　LI+SI=3=9+1+9=22，再將2和2相加，最終得到4，也就是說，李四的姓名數字是4。然後再加上他的生辰數字和性格數字，方法依舊是加到只剩個位數字位置，得出的就是李四的個人數字，下面則是不同的個人數字代表的不同的意義。

　　個人數字1：此人天資聰穎，才藝多多，善解人意，與別人交談時磁場很強，善良不吝嗇，朋友都很喜歡你，但是為人執拗，有點自信過頭，在與朋友相處的時候也要適當的考慮別人的看法，不要總認為自

己是對的。最佳伴侶的個人數字為3。

個人數字2：此人溫順大方，慷慨善良，周圍的認識你的人都會很喜歡你，但是正是因為你的溫順讓你在很多事情上缺少主見，甚至會失去很多好的機會。要想改變這一切就要試著說出自己想說的，拋出自己的見地，面對問題勇敢果斷才能最終的解決問題。最佳伴侶的個人數字為8。

個人數字3：為人出事積極向上，樂觀開朗，喜歡甚至期盼刺激的生活，深得命運之神的青睞。但似乎過於開朗的你說話太過白目，凡事愛搶風頭，俗話說「禍從口出」「槍打出頭鳥」自己還是要多多注意。最佳伴侶的個人數字為1。

個人數字4：你的誠懇忠厚是你最大的特點，使得很多人會深深的信賴你，但是過分的老實會讓你顯得有點木訥甚至迂腐，所以凡事要多變通，不要太斤斤計較，不必要計較的問題就讓自己放鬆一些。最佳伴侶的個人數字為4。

個人數字5：雖然狂放灑脫，但仍不缺乏聰慧的頭腦，處事能力強，但是卻很少對事情能夠持之以恆堅持到底，另外守不住祕密也是你的一大缺點，試著改變吧。最佳伴侶的個人數字為6。

個人數字6：懂的怎麼體貼他人，知道別人需要的

是什麼，是一個善良的樂天派，但是卻不懂得生命在於運動這一道理，其實活躍的你會得到更多的好運。最佳伴侶的個人數字為5。

個人數字7：天性聰慧，充滿靈性這些詞用在你身上都不過分，但是你聰慧的頭腦想出的那些詼諧的玩笑卻不一定能夠得到所有人的喜愛，所以與其諷刺還不如誇獎，多多發現周圍的美對你是有好處的。最佳伴侶的個人數字為9。

個人數字8：你是典型的現實主義者，思維和處事方式都很理智，是一個踏踏實實的人，但是有的時候過於踏實會讓你先很守舊，並且你有的時候認為自己可以獨立完成所有的事情，其實不然，「人多力量大」這是中國自古的老話，開始讓身邊的人幫你做點什麼吧。最佳伴侶的個人數字為2。

個人數字9：上天把你塑造成了所有人的好朋友，你善解人意，懂的傾聽，幫別人排憂解難，生活上的問題你都可以解決，那麼就不要再逃避工作上的困難啦。踏踏實實的走好每一步，你的人生才會更美好。最佳伴侶的個人數字為7。

# 睡相可以看出人的一生嗎？

　　人的睡相不僅是性格的反映，還能在某種程度上反映或者是暗示人的運勢。下面我們分別來介紹幾種睡相並逐一加以說明。

### ◆ 手腳抱團

　　這種人肯定在在一時期內因為生活的壓力而不辭勞苦，使得精力虧損，大多數都有腸胃方面的疾病。

### ◆ 身體時常翻轉

　　這種現象有兩種解釋，第一認為是因心事繁多，憂慮未解而造成的，第二是說這種人一生如同他的睡姿一樣，奔波不定。這種人通常生性靈敏，但凡事缺乏耐性。

### ◆ 眼睛微張

　　有這種睡姿的人當下的情況不是很好，有心事，凡事敏感，甚至有些過分到神經質，會引起和周圍的人的小摩擦，長久下去會造成神經衰弱。

### ◆ 夢囈

會在夢中說話，證明平日裡有很多話想說，但卻沒有人沒有地方傾訴，也就是說這一類的人不善交友，性格孤僻，甚至有些怪異。這樣會使得自己內心壓抑太多無法排解而顯得六神無主。

### ◆ 頭總從枕頭上下滑

下滑代表潛意識裡的下行，證明此人遇事不積極向上，較為悲觀，這一時期正處於心煩意亂當中，為人也比較內斂。

### ◆ 枕著手睡覺

這是一種比較懷舊的人，也是一個浪漫的人，喜歡感歎時光的消逝，情感豐富。

### ◆ 鼾聲不斷

鼾聲大起證明此人平日裡為人光明磊落，凡事心中自有思量，雖然平易近人，但對於他人的意見不是很容易接受，會顯得有些不通情達理。

### ◆ 咬牙

不停的咬牙反映了他們不斷的追求，他們的追求就是收集，收集一切自己感興趣的，並且幾乎投入全

部心血,有種不到黃河心不死的盡頭。

### ◆ 嘴巴不合攏

彷彿看見了自己理想中的世界而驚歎到不能合攏嘴巴,這種人比起現實更願意生活在自己的幻想當中,責任感不強,做事急功近利又沒有恆心,很難有成績。

### ◆ 夢多且有呻吟聲

這一點很簡單,就是因為睡眠深度不夠,因為這一類人平日裡過於操勞。

### ◆ 容易被驚醒

輕易就被驚醒的人就證明他在睡夢中都時刻保持警覺,這種人心思敏銳,警覺性高,為人處事時時小心提防,通常身體健康,命運佳。

### ◆ 容易流口水

對於男性來說,證明此人女性人脈較窄,女人緣不是很好,另外概括的說,此類人的消化器官尤其是胃部不是很健康。

### ◆ 手腳擺動

這種人平日裡比較內斂,不願意說出自己的心思或是煩惱,所以會靠在睡夢中來排解自己內心的辛苦、

寂寞等情緒。

### ◆ 呼吸勻稱

呼吸勻稱表示身體康健，另外這種人經得起大風浪，不會糾結於某一件事，灑脫自然，常有好運，可以說是福星高照的人。

### ◆ 雙手握拳

睡覺時雙手依然不放鬆證明此人平日勤勞，對人對事比較從一而終，有耐性有毅力，是個能堅持到底的人。

### ◆ 面帶微笑

連睡覺時都面帶微笑，此人平日和善，做事有條理有原則，人緣雖然不厚但也不薄，與朋友之間的情誼深厚，也命運之神較為垂青的人。

## 八字輕的人命不好嗎

古人有秤骨論命之說，將八字安斤兩秤出份量，從二兩一到七兩一，總共有五十一種斤兩。若依輕重分為三類的話，二兩一到三兩七屬於八字輕。很多人都說，八字輕的人命不好，不但福薄，而且身體不好。

八字輕的人究竟是否福薄，我們可以根據古人的歌訣記載來窺得一二。

八字為二兩一的人，有歌訣如下：

短命非業謂大空，平生災難事重重，

凶禍頻臨陷逆境，終世困苦事不成。

如上歌訣所說，二兩一的八字平生災難重重，短命之相。凡事必有阻隔，常身處逆境或者兇險的境地，終生都未能得志。按照歌訣的說法，八字輕的人的確是兇險異常。

不過，八字輕也未必凸顯一個人的命薄，就像八字重未必能成大富大貴之人一樣。如果八字輕的人透過後天的努力奮鬥，最後一樣也可賺大錢。更何況秤骨論命只現實一個人命相的部分，而非全部。如果八字輕的人紫微命盤好，或者面向絕佳，也不等於沒有福。

# 八字跟美醜也有關嗎

　　按理說，一個人的美醜應與八字是無關的，反而是人的面相，會決定人的運勢。事實上，四柱八字也會對人的容貌有所影響。人們都知道，八字可以論命運，八字可以斷個性，八字當然也可以觀相貌。這是由於五行的特質各有不同，所以其表現在人的外貌上自然也就有所不同。

　　一個人的八字五行中若多見金、木，由於金屬白、木屬青，青白則表示白，在一個人的外相上可以表示出此人的膚色較白。人們都說，白三分就美三分。一個人若是膚色黝黑，即便很美，也容易讓美貌失色。而八字如見水多，人易膚色較黑；如八字見土較多，皮膚容易較黃；火重之人，皮膚易於趨紅色。

# 腳又瘦又扁的女人命薄嗎

　　在相學中，腳也能顯現出人的命相。一個女人的腳長得好與不好，跟女人有沒有福有很大關係，跟其身體健康也有關。

　　如果一個女人的腳長得渾圓飽滿，不太寬，也不太大，厚實白皙，並且其膝蓋圓潤，說明此女有祿有福，而且身體健康，很少得疾病，在感情上也很順利。

　　但是，如果女人腳太細沒有肉，膝蓋有明顯突起來，此女命必薄，不但沒有福氣，還容易體弱多病，其老公也會容易花心。有人還說，這種女人的家境會不好，因為下盤不穩，表示土地不豐厚，子女不多，愛情滋潤不夠。

　　再者，過於瘦弱的女子，想要很健康都非常難。

# 身材比例跟壽命也有關嗎

相學中將人的身體分為三庭：上庭、中庭、下庭。上庭是人的頭部和脖子，中庭是從認得肩膀至腰部，下庭則是腰部至足部的位置。

這三個部位占人體的比例不同，大小不同，關乎到人的壽命長短和健康程度。

如果人很矮，但是頭部很大，這叫做有上梢無下梢，並不是所謂的頭大聰明，反而是容易患骨病的象徵。與此相反，身體很高，但是腦袋很小的人，表示上梢無物，沒有發展，是窮人的命相。

中庭左右不勻稱的人活著特別短的人，通常是五臟六腑較小，所以易患疾病，是無壽的骨相，容易短命；如果上半身太長，表示消耗體力太多，是貧困的象徵。

如果腰很軟，坐下的時候無力，或者總是搖來晃去的人，表示身體虛弱，是壽命縮減的象徵。

下庭與上庭的長短越接近，表示壽命越長。

上庭、中庭、下庭的比例勻稱，表示一個人的壽命較長，若是比例成翻倍上升，是短壽的象徵。

　　無論是從相學還是人體美學來看，符合黃金分割的身材比例都是最完美的，這類人的身體也不容易出現畸變或病變，終生都能受益於身體上的康健。

# 三痣相連易發瘋嗎

　　人的痣生在不同的位置，能顯現出一個人的先天命運如何。有些痣對人有幫扶作用，有些痣對人的命運和人本身都有迫害作用。

　　相學中講，人如果有三顆痣生得很近，並且成三角狀，這樣的人疑慮甚多，對很多事情都疑神疑鬼，諸多猜測。所以這種人的一生必在焦慮和不信任當中度過，他的身邊也容易發生諸多怪事，其人陰森，不得人心。

　　久而久之，有這類痣相的人，通常會變得孤僻異常，最終形成走火入魔，精神分裂，陷入精神疾病的困擾。

# 吃相能夠看出人的性格嗎

　　一個人的吃相，多少可以反映出一個人的處世態度。就像面相一樣。如果你細細地觀察一個人的用餐舉動，往往就能猜出對方幾分個性了。比如，有的人吃東西時，往往會從嘴裡發出一些咀嚼食物的吱吱喳喳的聲音，這樣的人往往都會讓人覺得沒有教養，儘管是美食當口，但是還是會讓人覺得討厭。

　　從一個人拿碗的方式也可以看出一個人的性格。從傳統中傳承下來的最為正確的拿碗姿勢是：拇指在上輕按碗沿，而其餘四指稍並，托拿住碗底，整體來說就有如龍口含珠，手臂輕輕的夾住腋下，以碗就口，拿筷子的手將飯輕撥入口。其實拿筷夾菜，必須要有夾得準、夾得穩的講究，而最忌諱的是在碟子上東挑西撿的，不雅的動作往往會留下不好的印象呢！

　　夾菜不急躁，吃飯時候細嚼慢嚥的人：這樣的人做事跟吃飯一樣，比較心細，並且能夠堅持不懈，有很強的研究能力。相反，吃飯的時候狼吞虎嚥的人，做事便也和吃飯一樣，比較果斷，但有些事會顯得操之過急，在處理一些繁複的需要耐心分析的事件上，

往往會因為太過急躁犯下錯誤。

等食物到了嘴邊才吃，或者是把食物用碗盛到嘴邊的人，這種人有較強的自尊心，也相對比較自信，所以榮譽感通常很強烈。相反，食物還沒有到嘴邊就用嘴去接的人，這樣的人在生活中個性比較溫和，有的時候做事過於草率甚至會給人隨便的感覺，

吃飯時，兩條胳膊張開較大，並且扒飯速度快，還不時的發出聲響的人，不用說大家也知道，這一類人很缺乏教養，不僅如此，對於別人的好言相勸也是左耳進右耳出。有些我行我素，朋友不多。

飯後將碗筷擺放整齊，能將桌上殘渣等收拾乾淨的人，肯定是一個有規矩有道德的人，這樣的人愛惜自己的形象、名譽，做事像吃飯一樣，能夠善始善終。相反，飯後杯盤狼藉，殘渣滿桌，像狂風襲捲過的小島一樣，這樣的人在生活有些過分的不拘小節，常會因為不知檢討而犯錯，很難做出大成就。

而吃飯時毛毛躁躁或者是嘴裡的食物還沒有吃完就喋喋不休的說話的人，這樣的人往往個性比較急躁，不懂自我約束，凡事無法沉著冷靜的處理，缺乏意志力和遠見，夫妻運勢往往不是很好。

匆匆進餐，完畢後，便立即離席，不在意同桌之人是否用完膳，這樣的人很有主見，對於任何事情都

有自己的見解，主觀意識強，但是也往往都凡事常以自我為中心，不能設身處地的為他人著想，總是認為他人為自己付出是理所當然的事，這種我行我素的性格使這樣的人很不合群或是很難溝通。

# 什麼是桃花

　　相信很多人都聽過「桃花朵朵開」的歌曲。桃花這個詞可謂電影、電視劇、詩詞歌賦中的高頻詞彙。究竟桃花是什麼意思，人們為什麼把桃花視為情愛的象徵，下面就來細數一下。

　　中國人自古以來講桃花，說桃花，「桃花」這個命理詞彙可謂深入人心。桃花是命理上的愛情標誌，屬於八字中「星宿神煞」的一類，具體包括咸池、紅艷、沐浴等。在紫微斗數中，廉貞、紅鸞、天喜等星帶有桃花暗示。但是前人的書中過於相信所謂神煞的作用，所以對於帶桃花的星宿沒有深入研究，是以現代人講到桃花，通常是說子午卯酉為桃花。

　　過去有「命犯桃花」一說，現代社會的解釋是個人魅力強、異性緣好的象徵。命中有桃花星的人，一般相貌都不錯，人聰明，有才藝，但各種桃花卻象徵了不同的性格和吉凶走向。桃花可以為吉，可以為凶，端看八字格局如何。桃花本身是風流之星，主男歡女愛之事。八字帶桃花的人，無論男女，都容易吸引異性，也容易對異性有興趣，也就是所謂的風流。但是

桃花遇不同的星宿，或者八字五行助長或削弱了桃花的氣焰，其命格所表現出來的異性緣是不同的。有人因桃花而深情，有人因桃花而多情，有人因桃花而夫妻恩愛，更有人因桃花而淫亂輕浮、身敗名裂。一般月柱有桃花稱為內桃花，而時柱有桃花則稱為外桃花。內桃花恩愛專情，外桃花處處留情，所謂「牆內桃花牆外紅」。

# 哪些人最容易走桃花運

　　容易走桃花運、且總有好桃花的人，從四柱八字來看。男性八字多正財與偏財，其異性緣豐富；女性如果有較多的官星、食傷、巳亥或者金水，則桃花運不斷。

　　按照紫微斗數十二宮命盤來看，紅鸞、天喜等星主桃花。當此二星在命宮時，異性緣較佳。當紅鸞、天喜遇天姚同宮時，此人將倍顯風流多姿，如果遇到真感情，還會結婚。因為紅鸞、天喜較正，所以能將天姚星的邪桃花調正。不過紅鸞、天喜出現在疾厄宮就不是好徵兆，人易短壽，乃血光之災的意思。

　　從相學角度來說，大眼男女的雙眸最會放電，其好奇心強，表現力十足，導致總是主動詢問他人或攀談，所以容易吸引他人，也比較容易得到異性的矚目。從手相方面去探討。太陽丘上的弧形的短紋就是桃花紋，從太陽丘斜向事業線延伸的線紋為寵愛紋，如果這兩條紋理都具備，女性的桃花運會不斷，而且比較受男人寵愛，容易成為掌中寶。

# 誰最容易招桃花

有人容易走桃花運，而有的人是有惹桃花的命。從紫微斗數來看，最容易惹桃花的男性，就是命宮中擁有貪狼、廉貞、天府、破軍等主星的人。

貪狼坐命的人：生性豪爽熱情，善於言談，才華橫溢，最容易吸引異性的注意。就算此類人不主動去接近異性，也會有桃花運找上門來。

廉貞坐命的人：此人是個圓滑世故的男性，內剛外柔，所以很容易和他人熟絡。此類男性總是自以為不錯，能吸引異性，所以最愛四處放電，吸引異性。很多女人都無法抗拒這種擁有成熟魅力的男性。

天府坐命的人：生性樂觀，行為大方得體，從不計較小事，心懷寬廣，所以給女性一種親和感。此類男性只要溫言軟語地關心某位女性，立刻能讓對方好感大增。這類男性擇偶標準很高，可是不妨礙他被頻頻追求。

破軍坐命的人：是個喜歡追求時尚、求新求變的人。女人和這種男人在一起，可以共同玩樂，享盡好事，但是很難抓住這類男性，他們是典型的風流人物，

寧可做黃金單身漢，也不會跟你跳進婚姻的墳墓。

　　由以上內容可以看到，如果女性和這四種主星坐命的人談戀愛，那就需要小心謹慎地投放自己的感情。此類男性將你的目光捉住，也有可能被其他女性所吸引。如果你沒有足夠的魅力和信心與他們相處，那麼趁早放手，以免受傷。

## 什麼樣的八字好色

第一，八字中水比較旺，這一類的人比較好色，因為水主的是人的腎功能，水旺，則代表腎功能比較好，而腎又是關乎人體性器官的主要內臟，腎功能好的人慾望自然強烈，也就是說，八字水旺的人，慾望都比較強烈，所以，這種人有時候會因為單純的想發洩慾望而選擇對象，所以是比較花心的人。

第二，身旺劫旺的，這一點主要是針對男命來說的，因為身旺多主好色，而劫望多主掠奪，所以兩者都要消耗，才能達到自身的平衡，而劫要靠消耗身旺來旺，所以這類男子就要保持身旺，就會追求很多女性來滿足這一點。

第三，不管是男人還是女人，如若命中身旺並且傷食也旺，這樣的人都很好色，甚至有些沒有道德，因為身旺主好色，而傷食主消化排泄的同時也主性器官，二者都旺的人的好色程度可想而知，而且傷剋官，所以這種人更加無視法律對於道德的約束，就會更加為所欲為。

最後，透過八字來看一個人是不是好色跟看他的

桃花運是兩碼事，所以不能以桃花而論，八字看好色
講求的是男命局正，偏才旺而明，暗，刑，合，沖透，
不論喜忌，這樣的人不但比較好色，就算穩定下來選
擇一個結婚對象，婚後生活往往也是不好的。

# 紅鸞星動就是要結婚了嗎

　　古代算命先生在為男女算命時，常會說「紅鸞星動」一詞。那麼紅鸞星動到底是什麼意思呢？它是古代術士根據天象按命理推算而來，是星象學上的一種卦象，意思是人的桃花運到了，而且是好運，乃結婚的徵兆。

　　所謂紅鸞星動，是紅鸞、天喜或天姚、咸池四星依照流年大運的時限，會照於命宮或身宮之中，俗稱紅鸞星動，又或者化祿入夫妻宮，這是有嫁娶的徵兆。但是，紅鸞星動並不等於一定有婚事，也有可能是異性緣大動，也就是桃花氾濫。

　　另外，紅鸞星動逢流年、大運入主命宮，要看此時男女雙方夫妻宮逢流年大運時會照的星曜是否吉利，如果都是吉星的話，婚姻通常能順水推舟。

# 他（她）是你的真命天子（天女）嗎

　　男女八字是否五行互補，必須要透過四柱推算才能看出來，或者男女本命是否陰陽互補，也需預測師來看。而直觀地判斷一個人是否於自己相匹配，那麼就是看兩個人的性格。如果一個男人好動、有行動力、直率、好熱鬧、衝動、不計後果、多做少想。此類男人陽多於陰，與之相反就是陰多於陽。是以女性溫柔喜靜、包容能力強，穩重慎思，則恰好能彌補男性性格中的不足，而男性也能將女性的激情帶動起來。

　　另外，看男女八字是否匹配，最簡單的方法時列出兩人的天干地支，看相沖或偏沖的多，還是相合得多。一眼就能看出二人適不適合。

# 什麼是合婚

　　在古代，婚姻嫁娶往往都是父母之命，媒妁之言，男女雙方並沒有見過面。那麼就更不用說去瞭解對方的品德操行的性格脾氣了，雙方家長和當事人只能透過對方的生辰八字去瞭解情況，這樣的方式往往叫做合婚。具體來說，合婚就是在成親之前找算命先生看一看男女之間是不是犯剋，婚姻是不是美滿。合婚在古代也叫合姓，就是合二姓為婚姻的意思。

　　至於合婚的具體方法，就是先根據男女雙方的生辰八字，推算八字屬於何種命相，再以陰陽五行說相生相剋的理論來推斷男女雙方是否適合結為夫妻。若一方為金命，另一方為火命，則謂之「火剋金」，兩者命裡相剋，這門親事萬萬不能答應；若一方為火命，另一方為木命，謂之「木生火」，則被認為是大吉，可以成婚。

# 哪些女生離不開愛情的滋潤

　　通常渴望被愛的女性都被人們稱為小女人。小女人的心態軟弱，很希望有個疼自己的男人出現，在自己受到傷害時安慰自己，在自己高興的時候陪自己一起快樂。那麼，那些女人才是小女人呢？

　　日柱地支出現子午卯酉任何一個的人，這樣的女性無疑是桃花運傍身的，所以她的異性緣可謂如錦如花，到處都是，一旦戀愛就會深陷其中，並且重視處在戀愛氛圍，所以她會不自覺地感到每天都處於戀愛之中，即便是單身的情況下。這就造成了她對愛情沒有免疫力，如果沒有了情感的滋潤，生活的動力都好像失去了一樣。所以這種女性最需要的就是選擇一段真正、能夠給自己帶來幸福的愛情，不要因為濫情而使自己的情感變得枯竭。

　　四柱中任何一柱的主星出現傷官的人，都是多愁善感的小女人。她們懼怕孤獨，不喜歡獨處，所以特別容易感到孤單和寂寞。所以，她們就算在同性面前，都會表現出依賴性，所以對於感情更加需求，否則她們將感到人生是空虛的。然而，人生並不是只有愛情

可言，這樣的小女人應該多去挖掘生活中的其他事物，讓自己的生活重心從愛情方面轉移開來，說不定會發現許多讓自己更感興趣的事物。

四柱中任何一柱主星出現偏印的女性，是屬於嚴重缺乏安全感的人。一旦陷入孤獨，將會難以自控，所以就總是拿愛情當消除寂寞的消耗品，因此給人風流的感覺。女人最怕的就是被人認為水性楊花，沒有哪個男人喜歡三心二意的女性，所以男人即使交了這樣的女朋友，也容易將其視為玩物。如果女性朋友一旦陷入這樣的困境，就首先要從自己身上剔除多情的毛病，否則愛情只會讓你疲累，而不會解決你的空虛。

# 如何追你的意中人

　　根據相學的研究，外表不同的女性其內向性格是不同的，透過外表瞭解了他們的個性，男性就可以根據不同的追求方式，將心儀的對象追到手。

　　一個女人的鼻子是其財帛宮的顯現，如果鼻子塌陷，表示女性財運較差，需要錢財。又或者女性的中指彎而不挺，表示其性格軟弱，意志不太堅定。這樣的女人容易被男人用金錢和物質所誘惑，所以一束玫瑰花不是追求此類女性的好選擇，不妨帶她去吃飯，或者多送一些精緻的小禮物。

　　如果女性的人中短、上唇翹，走路時愛挺起胸膛，顯露身姿，表示其虛榮心強，如果再加上她的耳朵外側的闊很軟，表示其耳根軟，容易被甜言蜜語打動。這樣的女性就比較適合用玫瑰和溫言軟語去打動。男人遇上此類的女人，不妨多學學怎麼說好聽的話來哄她。

　　如果女性的額頭低、髮際線亂，表示她從小家境很苦，所以同情心氾濫；如果女人的印堂寬闊，表示開朗心大，也容易同情別人。

　　遇到此類的女性，不妨多說些自己曾經經歷的苦事或者是倒楣事，甚至可以說自己曾經感情受過很重的傷，用苦情來打動女性。

　　不過，苦情不宜過分，追求此類女性也不宜躁進，要表現男性的柔情和關心，這類女人就對你不能抗拒了。

# 八字能看出配偶的身材嗎

　　相學中說，八字能看出自己的另一半的身材如何。

　　天干是代表了一個人的追求意識。以天干的陰陽區分，陰干主瘦，陽干主胖。

　　如果八字天干為甲、戊、壬、丙，則潛意識擇妻之身材為豐滿型，瘦的看不中意。

　　若八字天干為乙、丁、辛、癸，則潛意識擇妻之身材為瘦瘦型。

　　如果八字天干為乙、丁、庚、癸，以一個日元等於兩個計算陰或陽，則比較起來，陰比陽為：三比二，喜歡配偶身材為中等身材稍瘦。

　　若八字天干為：丙、壬、丁、甲，則陰比陽為二比三，故喜歡配偶身材為中等身材稍豐滿。

　　地支代表了妻子的實際身材。

　　子午卯酉日支：妻偏矮小，身材內滿，有氣質。

　　巳亥寅申日支：妻身材中等，在160公分左右上下，妻略豐滿。

　　丑未辰戌日支：妻身材極端，即夫妻身材不匹配型。

　　男高大，則女矮小；男瘦則女胖。

# 什麼樣的男人最忠心

　　從紫微斗數來看，當紅鸞、天喜同時出現在夫妻宮時，配偶多是美麗俊俏的人，二人婚姻非常美滿，可謂夫妻情深。男性多為楊過般的癡情種子。

　　從四柱八字來看，時柱地支在丑、巳、未的男性最專一，絕對不會劈腿。

　　從相學來看，男人鼻子很挺，山根很寬。一般來說，生有此種鼻子的男性意志力比較強，抵抗誘惑的能力也強。

　　另外，方形臉、法令紋深的男性也比較忠於情感。此種男性腮骨很明顯，臉方方正正的，稱為虎面，如果虎面又帶一點黑的話就叫做金面。

　　這種人自己認定的事情絕不讓步，他覺得不對的事情，不好就是不好，所以也不容易受到誘惑，或者受到誘惑一定會拒絕，會抗拒；而法令紋越深說明此人的年紀越大，其對自己的要求很高，遇到誘惑一定能抵抗得住。

　　再者，從腿部也可以看出一個男人會不會劈腿。如果男性的腳背或者小腿毛比較多的，基本上陽氣比

較重，定力較強，可以抵擋外界的誘惑。

從掌紋上看去，手上的感情線和智慧線合成一條線，就叫做斷掌。

斷掌的人個性比較強，做事情會全力以赴，非常努力，為了一個目的或理想而努力去做、不擇手段。在這個時候如果有女色來誘惑他通常不太有用。

# 什麼樣的老公能富貴

　　用紫微斗數來看，如果老公的命宮是在「寅」，而且「太陽」跟「巨門」同坐命宮，表示丈夫會成為有權有勢的人。太陽居「寅宮」，代表早晨三到五日出東方，顯示朝氣和貴氣。男人有這樣的命盤，其政治敏感性高，從政機率最大，而此類男人責任感強，孝順顧家，父母、妻子和子女都非常愛護。

　　如果老公命盤中「武曲」跟「天府」同坐財帛宮，這種格局的男性也會成為好老公。因為武曲星五行陰金，化氣為財，為財帛宮主，會成為財富之神，與天府星同坐則有壽。要是老公有這種命盤，百分之百會是大富大貴之人，而且長命百歲。女性嫁了這種男人，會成為闊太太。

# 什麼樣的女人易成為第三者

　　第三者介入，時下已經成為危害婚姻穩定的主要因素。結婚後是否家庭、婚姻穩固，與夫妻雙方的情感忠誠度息息相關。很多朋友在確定配偶時，都要去找命理師傅合合八字，分析一下對方的感情生活狀況，比如是不是情感專一、堅守貞操（這一點現在好像已經沒什麼意義了），是否能廝守終身等等。無論男女，都有容易成為第三者的人，本文主要分析的是女人是否易成為第三者。女人是否易成為第三者，從其八字命理中很容易看出來。

　　分析一個女人是否易成為第三者，首先要從八字上區分這個人感情生活有無隨意性，感情生活隨意性大的人最容易導致成為第三者。

　　一是八字裡傷官、食神旺而多的女人，感情生活隨意性大。傷官主開放、隨意性、性欲，食神代表享樂主義。官殺星代表約束力，而傷官、食神是專門剋制官殺星的，是和這種約束相對抗的。所以，八字裡帶傷官、食神的女人往往逆反心理強，具有叛逆性、開放性、享受性、感情隨意性。八字裡傷食星旺而多

的女人，是公認的最容易出軌和成為第三者的女人。尤其是傷官旺的女人八字又沒有印星抑制，肯定會成為第三者。

二是八字裡官殺混雜的女人，易成為第三者。正官代表女人的老公，其關係和感情具有專一性、長久性；偏官一般代表女人的情人，其關係和感情代表臨時性、隨意性。女人八字裡正官和偏官多而雜，明（透在天干）暗（藏在地支）都有的，叫做「官殺混雜」，說明她老公和情人都有，也說明了這個女人感情生活不專一。八字裡官殺混雜的女人，也是很容易變成第三者介入的。

特別是正官星在其他干支，而日支（婚姻宮）是偏官的女人，代表自己有老公，心裡卻老裝著別人。日支代表內心，日支坐殺，自然是心裡容易有其他男人。這樣的女人很容易成為第三者，並且很難退出介入別人的婚姻。

三是正官星坐下為財而又與日干相合者，多第三者介入。正官星下面坐財，說明這個人已經有老婆了，日元與之相合，說明這個女人找的男人有家室，是在爭奪別人的老公。另外，日元與年干比肩爭合月干正官星的，也說明這個女人易與別人爭老公。官星多而藏在地支與日元合，這叫暗合，就是與男人偷偷來往

的意思，為什麼偷偷來往？第三者介入唄！

　　八字裡無上述情況，逢歲運出現類似條件也易發生第三者介入之事。發生這種事情機會大不大，關鍵要審查該女性八字是否屬於感情專一型的。比如八字裡正官一位，又不帶傷官的女性則感情比較專一。

# 什麼樣的八字女人最風流

　　相學中認為，往往能從一個女人的八字上看出這個女人風流與否。這樣的八字的女人一般都會比較風流：日坐官殺，且日支之官殺與其他兩地支合官殺局，並且八字中官殺不在天干中透出。最常見的是己卯日，地支亥卯未合木局；庚午日，地支寅午戌合火局；丙子日，地支申子辰合水局；乙酉日，地支巳酉丑合金局。若再行官殺運，那這一步運定然要夜夜風流。

　　對於擁有這樣的八字的女人，相較於做別的情人，她們更喜歡一夜情。在她們看來，一方面她們厭惡這樣的自己，但她們往往又控制不住自己的慾望。即使如此，這樣的八字的女人也極少會淪為娼妓。

　　另一種八字的女人也很風流：八字中水旺，不透干，且無土制，官殺休囚。這樣的八字代表性慾強，如果他們的婚姻中的另一半能力差，性功能弱，往往會讓他們紅杏出牆。如果一個女人的八字中再見紅艷煞、桃花之類，那幾乎就是蕩婦了。因為水主智，所以有這樣八字的女人多聰明，多喜歡玩弄男人。但這樣八字的女人做娼妓的較多。

　　對於喜歡做情人的女人的八字，一般來說偏官而且偏官強旺，古人叫做偏房命的，偏房就是妾了。這樣的女人性情急燥，多戀父情節，因此多嫁上了年紀的男人。嫁年紀大的男人不成便做情人了。

　　另外，八字中沒有偏官，但正官特別強悍的女人，也是喜歡做情人的，實在因為官多為殺的原因。道理和偏官旺的道理是一樣的。

　　官殺混雜的八字也是容易做情人。有這種八字的人大都是結婚後做另一個男人的情人，也就是腳踏兩船了。

　　喜歡做情人的女人不淫蕩，多貞守。喜歡紅杏出牆的女人好色而淫蕩，兩者是有很大的不同。

## 最搭的夫妻生肖組合有哪些

在四柱八字較合的情況下，我們不妨看看最搭配的夫妻生肖組合是怎樣的。

◆ 生在鼠年的人最佳搭配：

龍：龍騰虎躍，龍是最有朝氣的屬相，能使鼠變得快樂，而鼠的能說會道也能打動龍的心。

猴：鼠欣賞猴的機靈聰慧，所以如果猴能以真心待鼠，二人會相處得非常愉快。

牛：牛的溫和讓鼠很有安全感，可以放心地撒嬌，盡情展現可愛、樂觀的一面，安慰鼠因為鼠常常容易陷入恐慌和激動。

◆ 生在牛年的人最佳搭配：

鼠：熱情的鼠為溫和的牛帶來生活的樂趣，為牛帶來歡樂，鼠對牛忠心耿耿，二人建立在互相信任的基礎上，可以相處和睦。

蛇：牛的穩重能幫助蛇安定下來，如果蛇能忠誠待牛，蛇便能放心地發揮自己的才能，發展自身的事

業。

　　雞：牛雖然溫和，卻喜歡掌控主導性，將一切事物規範到自己可控制的範圍內，而保守的雞喜歡依賴一些事物，所以對牛服從，二人能各取所需。

◆　生在虎年的人最佳搭配：

　　馬：馬的穩重能夠吸引虎，二人可以互相尊重、支持，彼此幫扶，因此能過的非常幸福。

　　狗：虎在很多方面都表現出不可一世和驕傲自負的一面，所以狗的忠誠以待，能夠激發虎的溫柔一面。虎會去鼓勵狗追求人生目標，實現自身理想。二人屬於互相體貼型，能共進共退，同甘共苦。

◆　生在兔年的人最佳搭配：

　　羊：羊的依賴性較強，而兔恰恰喜歡照顧人，所以二人剛好相合，所以在一起生活，想必非常愜意美滿。

　　狗：狗忠誠厚道，愛過安定的生活，而兔也喜歡安定，二者皆忌諱奔走，所以在一起時能相處融洽，生活舒適，沒有心理負擔。

　　豬：豬和狗的喜好和性格非常相近，所以他們在一起很容易彼此吸引，發展感情。

◆ 生在龍年的人最佳搭配：

鼠：朝氣蓬勃卻任性十足的龍對於能說會道的鼠沒有抵抗力。而鼠的幽默和穩重通常能讓龍安靜下來，所以兩個人屬於互補型，很適合在一起。

猴：龍和猴都是有創造力的性格，兩人在一起會擦出激情的火花，一拍即合，但猴子有點狡猾，一旦被龍查知，婚姻上也會有摩擦。

雞：雞是很保守的，所以在活躍的龍面前，經常會心存羨慕和傾慕，而在龍遇挫折時，雞會在旁邊鼓勵，所以能得到龍的疼愛。

◆ 生在蛇年的人最佳搭配：

牛：牛穩重堅定，所以蛇會被牛所吸引，但是牛的固執和控制欲有時候也會讓蛇受不了，所以兩者會有小爭執，但是不影響夫妻情感。

雞：雞很固執保守，而蛇總是自有主張，所以二者碰到一塊火花四濺，總是爭執，可是偏偏這兩種人湊在一起，感情會越吵越好，吵架是他們的溝通方式。

◆ 生在馬年的人最佳搭配：

虎：虎的高貴和自負顯露出非凡的一面，對於穩重的馬來說有致命的誘惑力。所以馬會甘願為虎付出

一切。而在感情方面，馬也能得到虎的真摯回報。

羊：羊的溫柔能吸引馬，使馬感到非常幸福。

狗：狗的穩定和聰明，可以成為馬的最好支撐，馬如果想要有所成就，需要狗這個有扶持力的伴侶。

◆　**生在羊年的人最佳搭配：**

兔：好依賴的羊可依賴有良好金錢觀的兔，彼此相親相愛。

馬：穩重的馬喜歡內涵豐富、溫柔無比的羊，喜愛後者依賴自己的那種感覺，喜愛後者高雅的修養。

豬：豬的個性最為溫和，而羊的個性也溫和無比，二者會互相安慰，在遇到困難時，能夠共同奮鬥，而豬的吃苦耐勞也為羊提供了穩定的生活。

◆　**生在猴年的人最佳搭配：**

鼠：能說會道的鼠懂得逗猴開心，所以二者生活在一起，通常能使生活生活充滿歡笑。

龍：精力充沛、朝氣蓬勃的龍，能夠吸引容易陷入孤獨的猴，給後者帶來歡樂，使猴永遠處於不孤獨的境地。龍向來自負，自認為在愛情上無往不利，但是猴懂得如何挫敗他，讓他覺得猴是非常難以掌握的。挫敗感會令龍對猴的迷戀加倍。

◆　生在雞年的人最佳搭配：

牛：保守的雞和忠實穩重的牛在一起，其感情基礎必然建立在穩定之上，生活雖然沒有什麼大風大浪，卻很溫馨幸福。

龍：保守內向的雞喜歡看著活躍的龍發揮所長，能夠自願站在龍的身後，對他發出支持的口號。龍的成就便是雞的驕傲。

蛇：雞能夠跟隨蛇一起探討生活的哲學，他們都是有理想的人，而雞追求理想時常退卻，蛇卻是堅定不移。所以雞跟隨蛇，會共同為理想而奮鬥，是互助互利型伴侶。

◆　生在狗年的人最佳搭配：

虎：狗的穩重造成了其容易憂慮，而虎的堅決彌補了狗的躊躇不前。二者結合在一起，互相彌補不足，很是幸福。

兔：窩心的兔會在暗中支持狗，所以狗在發展事業的時候，能得到兔的扶持。而兔子的善良也是狗由衷熱愛之處。

豬：狗和豬都是安穩型的人，所以彼此能互相瞭解對方的需要，在尊重的前提下建立幸福的家庭。

◆ **生在豬年的人最佳搭配：**

兔：豬的聰明才智能吸引善良溫柔的兔，豬的熱情也能打動纖細敏感的兔，兩人在一起能建立極其溫馨的家庭環境，而且能逗彼此開心。

龍：勇往直前、活躍勇敢的龍讓喜好穩定的豬有再生感，同時也能給豬一種安全感，讓後者放心的依靠。不過龍有時也會粗心大意，所以細心的豬會悄然扶持著龍。

豬：大凡屬相相同的人，都有相刑之嫌，但是豬和豬配對，卻因為個性相近，有說不完的話要對彼此說，所以能互相尊重，互相扶持，雖不能產生激烈的愛情火花，卻是溫馨持久型的愛戀模式。

# 哪種女性最旺夫

從紫微斗數來看，「武曲」、「天府」坐命宮的女人，理財和賺錢能力很強；「天相」坐命宮的女人很會處理人際關係，也能為丈夫鋪路；「太陽」或「天梁」坐命宮的女人，聰明能幹，但責任心過重，凡事喜歡親力親為，容易使老公產生依賴性，結果老公什麼都靠自己，而自己也累得成了昨日黃花。

從姓名學角度講，地格18畫的女人，通常精明能幹，且能把家庭打理得井井有條，不讓丈夫操心；地格21畫的女人會處理人際關係，且任勞任怨，一心為老公著想；地格40畫的女人性格溫和，善良柔弱，孝敬公婆，典型的賢妻良母，有了這種女人，家裡的事情不用操心，男人自然可以在事業上全力衝刺，賺錢養家。

從相學角度來說，天庭飽滿的女人多是富豪之女，聰穎異常，其家境能給老公帶來財運和官運，此女自身的能力也很強，能夠成為老公最好的幫手。下巴寬厚的女人開朗樂觀，能相夫教子，給丈夫一個很堅固的後盾，讓他可以放手去開創自己的事業。

　　而手相中除拇指外，八指充滿豎紋，或者事業線很長的女性吃苦耐勞，且能在事業上成為丈夫最佳助手；有多條陰德線的女人大多知書達理，從精神上會給丈夫很大的支持。

## 你的老公會旺你嗎

　　有旺夫的女命，自然也有旺妻的男命。

　　從八字來看，男命八字以財星，尤其是正財為用，而且位於婚宮，表明這個男人旺而逢生，有根有氣，有幫妻的命。又或者，男命八字日主衰弱，以財星為忌，本命弱而受制，與這種的男命相行之下，其妻自然旺。

　　從相學角度來說，女性以鼻為夫星，鼻樑高直且長的女性，其夫多為專業人士，有一定的社會地位。如果兩顴骨高兼有肉，並不突出，可享夫福，大把錢任你使，讓你做個幸福少奶奶。如果男子眉清目秀，相貌堂堂，眼影略帶長，表示男子有名氣，能得社會地位，其妻與之同富貴。另外，鼻子較大的男性自尊心強，為人固執難相處，但妻緣獨佳，老婆能從他身上得到安慰和關懷。

# 「剋夫」是剋死夫嗎

　　在現實生活中，一提到「剋夫」許多人都會不寒而慄，聽到剋夫便覺得一個男人娶了這樣的女人，男人就死定了。

　　然而，在傳統命理學中，「生」、「剋」等說法是依據太陽五行的關係而來。

　　「生」為助長，「剋」指抑制，並沒有一定的好與壞之說，也並不是指剋就是讓其死亡，而是有所抑制的意思。

　　「剋」其實並不一定就危害生命。例如在紫微斗數裡，太陽坐命宮的女人雖然非常溫柔，但是這樣的女人被扣上「剋母」的帽子。

　　其實這是因為太陽代表父親與丈夫，太陰代表母親，當這些星入命宮時，只表示當事人在性格與上述角色較接近，也容易產生衝突，只要注意溝通的問題，其實並沒有太大的問題，從這個例子中我們可以看出，「剋」只表示相衝突不和諧，但並不一定危害生命。

　　對於女性而言，其八字、命盤與丈夫相剋，代表其與丈夫之間可能在世界觀、人生觀、價值觀方面不

同或太過相似，以致於二者經常產生意見分歧，或者
彼此之間覺得難以擦出愛情火花，最後婚姻常會因此
而破裂。所謂「剋夫」，並非是把丈夫剋死之意，也
有可能是在某一方面剋制丈夫的發展，這要因人而異。
所以，世人千萬不要把「剋夫」等同於是剋死丈夫。

**2**

運勢篇

# 如何看阻礙事業發達的「痣」命弱點

　　痣相學是一門高深的學問，痣所生長的位置，跟人的命運有莫大的關係。一些痣能給我們帶來好運，而一些痣卻成為我們的事業上最致命的弱點。

　　生在額頭正中心的痣，會破破壞工作方面的運氣，因為天庭被稱為事業宮，這裡有瑕，表示事業不順，容易陷入挫折和困難，常常面臨上司挑剔、同事不睦的情形，得不到賞識和認同。

　　兩眉之間有痣，如果痣為紅色，且圓潤好看，表示富貴高潔；但此處如生有黑痣，表示諸事不順。因為此處為印堂，又是人的命宮所在，如果其中有黑痣，破壞整體美感，會導致諸事不利，工作挫折較多。

　　顴骨生痣多破壞一個人的管理才能。顴骨代表一個人的權勢，此處遭到破壞，註定當不了領導了，而此痣還容易使一個人失去情感上的依靠，會與另一半貌合神離。

　　法令有痣也是破壞事業的徵兆。法令是指從鼻翼兩側延伸向嘴角的位置。法令屬於管理方面，法令有

痣的人在生意上容易遇到麻煩事，或者遇到不聽話的
下屬。

　　足上有痣，說明此人天生勞碌命，很難成為領袖
級人物。

　　以左嘴角為中軸線向下延伸到脖子上，如果脖子
此處有痣，表示辛苦奔波，事業困境較多。

　　想要驅除痣給自己帶來的霉運，解決方法通常是
將痣點掉。不過在不影響審美觀的情況下，人們還是
不要亂去身上的痣，有時候一些痣看似不好，跟人的
命格卻是相生的關係，若是隨意破壞，恐難得好事。

# 哪些人天生就是領導命

　　天生就具備領導命的人，從紫微斗數來看，命宮有紫微、天府、太陽等星相扶，這樣的人大多都能當上領導，他們通常有主見，支配慾望較強，但也要看其他星宿所在宮位是否妨害。因為這樣的人也很有自己的主見，能擔當重任。

　　用四柱八字來看，日主強旺、五行流通，大運配合得當，這樣的人一般都會成為一個比較成功的領導者。因為日主強旺的人命格就強，有主見，意志堅強，不怕困苦，有擔當，適合成為一個能領導眾人共同進步的主管者。

　　如從相學來看。額頭高廣豐滿的人個性沉穩，頭腦聰明，很容易得到上司的重視和提拔；顴骨發達的人，則處世圓滑，做人精明，很容易得到同事或朋友的幫助。而那些有斷掌或川字掌的人個性果斷，有魄力，並且會處理人際關係，很容易在眾人中脫穎而出。

# 哪種人最有野心

　　從相學來看,一個人的走路姿態能夠凸顯一個人的事業心強弱,能看出這種人的野心有多大。

　　走路挺胸者,這種人喜歡下巴朝上,目中無人,走路絕不低頭彎腰,如一顆松樹一般。不正眼看人,證明這種人自我意識很強。其實這種行為應該適當修正。有野心的人能成大事,但過於有野心常常會壞事。

　　聲音宏亮的人其生命力強,表達能力較強,容易成為主導他人的思想,用語言來控制周圍的人,讓人容易被他所左右。

　　眼睛有神的人容易吸引他人的目光。目光炯炯有神,看起來不過於銳利,又不過於慵懶,看人一眼,就讓人有過目不忘的感覺,這種人自主意識極強,執行能力也很強,所以很容易成為領袖型人物,其野心是毋庸置疑的。如果遇到這種人,最好不要表現的鋒芒畢露,因為他們通常會很容易看到你的伎倆,有時你甚至會陷入他們所設的圈套。

# 哪種人的運勢越來越好

　　從紫微斗數來看，一個人的福德宮如果有有較柔和的主星坐守，或是有較多吉星而無煞星，這樣的人性格開朗樂觀，凡事不放在心上，也就是心寬，這樣的人心態很好，年輕時雖然事業平和，但卻可安享晚年，越過越幸福。

　　從相學角度講，下巴能看出一個人到老年的生活如何。如果下巴越來越渾圓豐滿，則說明此人寬厚仁慈，實在開明，能得到晚輩的尊重和愛護，這樣的人會越過越順，晚年自然很好。如果這種人的生命線與手腕線清晰、深刻，且無分叉或中斷，說明此人生命力旺盛，身體也健康，這樣的人即使年輕的時候吃苦，到了晚年運勢也會越來越好，能享兒女之福。

# 哪些人結了婚會有好運

　　過去人講，結婚多為沖喜，會給一個人帶來好運。其實這也要因人而異，有些人結婚之後會有好運，有些人則絲毫沒有轉變。

　　從相學角度來講。男人天方，女人地圓，這樣的人婚後有好運。男人天方代表重事業、重思考、有眼光；女人地圓代表重視家庭，個性浪漫，這種組合是夫妻最好的組合。看手掌的紋理，要看貴人線是否清晰、不斷。生命線是人一生中的歷練以及經歷，生命線內側有一條很清晰的貴人線，貴人線從另一個角度來說就是配偶，貴人線清晰的人配偶會陪伴他、扶持他，因此結婚後好運就會跟著來。而結婚線如果兩條線平行分得很開稱為聚少離多，代表結了婚之後更會賣命地工作賺錢，所以跟另一半相處的機會比較少。如果拇指第一節有完整鳳眼紋的人，婚後也會好運不斷。

　　相學不只看臉，還要看一個人的體態。一個男人站立時大腿要夾緊，否則代表做事情懶散不專心，婚後運勢也不會好。如果平日站立時大腿夾緊，婚後事業不僅僅會飛黃騰達，而且生活也很美滿。

# 哪種人天生勞碌命

從紫微斗數來看，有煞星或是天馬星入命宮的人，通常都閒不住，總喜歡自己找事情做。而七殺、武曲坐命的人重事業，把賺錢視為快樂和幸福，這就註定了這種人必須要辛苦勞碌，才能換來錢財。坐享其成似乎在這些人的命裡是不存在的。

從四柱八字來看，八字之間有許多沖剋，則表明這種人容易情緒化，易與他人發生口角或爭端，做事時也忙碌異常，常因性格而不得好運。

從相學來看：少年時期即有抬頭紋的人或有魚尾紋的人，表示很愛操心，又好動閒不住，是勞碌的命，其責任感強，就越發地容易辛苦。掌心事業線很長的人也容易操勞，證明其工作是讓人閒不住的。而腳側、腳背、腳腕有黑痣的人，也多是勞碌命，閒不住。

# 腳型也能看官運嗎

　　相學中講：「足者，相地也，要有跟。宜厚而正，閒樂官榮。橫窄小薄，辛苦惡弱。足下無紋，愚賤之相。闊大而薄，亦主貧下也。」

　　這段話的意思是說，一個人的腳，與地面接觸，得地氣也有所不同。一個人的腳最重要的是有個結實有力的後腳跟。腳後跟如果厚實端正（這從一個人穿鞋後鞋子磨損程度能看出來），表示這個人生活閒適，快樂無窮，易得榮華富貴。如果腳後跟又小又窄，身體容易不好，還常常會辛苦勞累。如果一個人足下下平滑甚至毫無紋理，這種人通常是愚蠢貧賤之人。腳大而扁薄的人，也是貧困的體相。

　　中國人一向講究「根」，無根身輕，腳後跟就像一個人的跟一樣，有力地支撐著一個人，如果腳不結實或奇形怪狀，這樣的人很難有大發展。

# 胸口有痣，胸有大志嗎

　　俗語有云：胸懷大志。胸口有痣的人，表示心志高遠，有所成就，不過此相要配以干支五行，以及紫微斗數中主事業的星宿坐落何處。這就表示，胸有大志的人未必就一定是個有大智大慧的人，一生事業和財運也未必如想像中的理想。

　　另外，一些心口有痣的人，未必一定是有志者事竟成。因為以相學角度來說，這種人通常只會「空」懷大志，卻不會腳踏實地做事。他們往往幻想多於一切，而且做事不務實。雖然常常把夢想掛在口邊，但很少為了志向而付出不懈的努力。男子有此痣，最好別讓自己成為一隻會說不會做的人。女子有此痣，切忌過於計較、軟弱。

# 背部有痣,難成大事嗎

相學裡認為背部上的痣多為不好的痣。一般來說,長在肩膀邊緣的痣,表示背負家庭負擔,需要辛苦勞累才能獲得財富,繼而照顧家庭。如果痣生在背部正中央,也是「勞苦痣」,會給人帶來奔波的壞運,使人常常陷入責任當中,不能自拔,不可安享富貴。

不過,相學裡也表明,背部的痣代表人的交際手腕和溝通能力。這類人能取得他人的信任,做任何工作都可以得到賞識,倒是有助於事業的痣相。異性緣也很好。但是如果痣色深黑,並無光澤,則表示死痣,這類人容易因為跟人交往過於密切,反而招致他人的陷害。

還有人說,背上長痣,是油滑之相,不宜結交。

總之,背上有痣無論好壞,都不是能成大事的痣。

# 哪裡的痣對事業有影響

很多痣都會影響一個人的事業運，我們下面來挑選一些介紹一下。

痣長於手腕外側，這代表在而立之年以前，因為頭腦的靈活度跟不上繁複的工作，所以可能在一開始的時候給人的感覺不是很靈光，但有句話說得好「是金子總會發光」，這類人的才華，慢慢的就會得到認可和欣賞，大家會逐漸開始佩服他們周密的思考，過人的智慧，以及面對突發事件的鎮定，漸漸地，上級也會對他們重視起來，節節高升便指日可待，但這一切的前提是這顆痣是善痣，倘若痣的顏色不是很好，那麼這個人可能在工作上就不會信心十足，所以不適合在人多的環境中發展，這樣會影響他的事業，這樣的人更適合做一個自由職業者。相反，若果痣長於手腕內側，並且顏色也不深，則不會對事業運產生不好的影響，因為這樣的人口才較好，能夠說中他人的喜好，適合推廣業務或進行銷售，冶金一定會不錯，倘若手腕內側的痣顏色較深，這類人可能會因為有些自大而影響事業發展。

　　但總括來說，手腕部位有痣的男人，多半為人豪爽，不吝惜錢財，朋友有求，必定全力相助，所以他們能夠交到很多朋友，因為人脈較廣，所以事業運自然不會差，但需要注意的事，這類人因為太注重兄弟之情而往往會忽略甚至放棄自己的愛情，跟這樣的男人在一起的女性要有心理準備，到時候不要埋怨太多。

　　如果痣長在上臂，不論性別，這類人會較早的挑起家庭的擔子，負責一家經濟中的大筆開銷，這類人的責任心很強這一點不用多說，也真是這樣，他們工作會比其他人更繁忙，甚至會很累，如果這顆痣是一顆黑色的痣，那麼就代表此人一生都或如此忙碌。但好在上天是公平的，這樣的人倘若可以忍得住辛苦勞累，往往最終都會成就大事業。

　　如果痣長在手臂外側，那麼這個人就算不是一言九鼎也是一呼百應，因為這一類型的人工作努力，又懂得如何與他人溝通，為人直爽坦率，所以不論上司還是下屬，他都能夠打成一片，為他的事業提供不少幫助。如果是長在手臂內側的痣，則代表這樣的人凡是能夠堅持，韌性高，如果又搭上痣的顏色很好，那麼也就是說的耐力和恆心都很好，能夠忍受壓力，堅持完成上司的交代。

　　痣長在腋下的人，無論是工作還是生活都好像冥

冥之中有貴人相助，很多朋友、同事，不論男女，似乎總有人會在他們需要幫助的時候出來拉他們一把。真可謂是一方有難，八方支援，更讓人羨慕的是，這一類人也會因為有很多貴人相助而在其中喜結良緣，一舉兩得。

痣長在左膝上就意味著有很強的工作能力，也有獨特的領導才華，在工作中遇到困難，面臨挑戰都能夠欣然接受，是一個群體中的骨幹。

痣長在腿上，既然長在下身，那就證明基礎穩定，所謂家和萬事興，這樣的人首先家庭和睦，無論是手足還是愛人，都很美好，這為他們的事業打下了堅實的後盾，家庭沒有顧慮和煩惱，就能夠專心的投入工作，所以事業運不會差。但如果這顆痣不幸是死黑色，那結果就完全相反，家庭不和，人自然分心，事業難求發展。

最後來說說腳底長痣的人，這類通常是步步扎實、任勞任怨的類型，由於不走捷徑，穩紮穩打，所以一般成就較晚，而且腳下有痣意味著雙足忙碌，這樣的人常常為了財富而奔波忙碌著。另外，相學中對於腳下的痣評價很好，說腳下長痣的人擁有的比較多，通常是有權有勢的人家，又或是大富大貴的人家，總之都是好命的人。

　　但是也有種說法並不認為腳底有痣是什麼好的事情，因為過去說腳踏七星者，帝王之命。也就是說，就算能夠大富大貴，也是一生操勞，不得清閒，而且還有一種說法是腳踏六星，無權無柄，路邊埋屍，乞丐之命。可見，並不是腳底的痣多就一定好，有的時候，腳底上有痣也未必是福。

# 腳上有痣就命好嗎

　　相學中講：足下黑痣，富貴閒適。意思是說，腳下有痣的人能夠得富貴，生活閒適舒服。腳掌上的痣在相學裡多為吉利的痣，但跟痣的個數有關。民間還有句俗語說：「腳踏一星，能擁一千兵。」意思是腳底有痣，能夠擁有名譽和權力。通常來說，腳下的痣如果色澤比較好，一般都是富貴的痣。但是足下的痣也未必皆是好痣。俗話說：「腳踏六星（南斗六星），無權無柄，路邊埋屍，乞丐之命。」可見痣多也未必是好事。畢竟我們都知道，足上痣多代表人總是處於奔走狀態，即使能得富貴，也必然操勞。

　　還有一種說法認為，女性的腳上有痣，不論痣的顏色如何，都是容易陷入奔波勞碌的命，婚姻還容易出現問題，感情生活不順利，易有夫妻爭吵。

　　腳趾上有痣的女性，表示其愛人事業心強，但容易忽視情感生活，所以女性的婚姻也容易變淡。腳趾上有痣的男性，表示男子固執，不聽愛人勸告，典型的大男人主義者，甚至會出手打女性。

# 什麼人容易犯小人

　　容易犯小人的人，生活中總是跌跌撞撞，不時地遇到人事上的阻礙，有時在不經意間，就會被人陷於不義。所以一旦你是犯小人的命，就要小心提防，注意那些主動靠近自己、別有用心的人。

　　從紫微斗數來看，容易犯小人的人，其命宮的三方四正出現了陰煞星，這種人在職場裡特別容易犯小人，出差或旅遊的時候也容易被人騙財。過去有種說法：凡陰煞入命宮者，為命帶小人，不論正星吉利與否，一生均必遭誣陷、中傷、打擊、迫害。可見陰煞星戾氣之重。

　　從姓名學角度講，人格、地格、總格出現9畫、19畫的人，這樣的人朋友很多，各個行業的都有，朋友多了也容易犯小人，有26畫或37畫的人則是因為自身「雞婆」而把祕密到處洩漏，給予小人可乘之機。

　　從相學角度講，一個人的鼻子太大，且超過整個臉的三分之一，破壞了整體美感，而額頭太過突出，此類人多自命清高，對其他人頗不在意，容易犯小人。我們可以看看孔子的面向，孔子一生才學極佳，可卻總是有小人迫害，正應了相學中天庭過高一說。

# 怎麼防小人最有效呢

　　防小人的妙招大多跟風水有關。職場易犯小人，可以在辦公桌左上角上放「五爪正龍」，意味「左青龍」，此乃瑞獸，增加權威，驅小人煞氣。購買龍雕一定要注意買五爪，切忌四爪。有人還採取在小指上戴上尾戒；將小指的指甲留長，以超過無名指的第二指節；用紅絲線在小指上纏繞三圈；佩戴茶晶來清除周遭的磁場等。還有些人墊上紅色鞋墊，將內衣換成深紅色。這些都屬於風水法器法。用物來踢小人。

　　座位的風水也跟犯小人或防小人有關。有依靠的座位意味著有靠山。從風水學的角度來看，「前有明堂後有靠山」才是好風水，表示有人在旺自己。因為小人喜歡背後放冷箭，可是其冷箭卻被你的靠山擋住了。

　　正對大門和沖廁所坐都表示會有小人作亂。因為門口陽氣太沖，易招領導忌諱；廁所穢氣太重，降低人的思考能力，易被小人有可趁之機。可以放招財貓、發財樹等來化解。

　　背門、背窗而坐，或坐靠走廊的窗邊，這些地方

被稱為形煞之地,每天人來人往,雜氣太重,惹人心煩,易令人做錯事,給予路過小人放冷箭的機會。最好找個東西來依靠,或者離窗子遠一些,用厚窗簾遮擋外物。

其實,要真正地防小人,還要從自身做起,做好防禦工作,不能給小人有可乘之機。最好是做到心態低調、姿態低調、行為低調、言辭低調、思想高調、細節高調、創新高調。四低三高,保證你能上通下達,小人也犯不著了。

# 人格數能看出社交能力的強弱嗎

　　從姓名學角度講，一個人的人格數和外格數的搭配決定人的事業如何，表現人的社交能力。特別是人格數主管社交能力，不同人格數的筆劃，社交能力表現的方面有所不同。

　　人格數理分十種，所以筆劃超過十，就以個位數計算。

　　人格數為1畫者，性情偏靜，理智十足，不屈不撓，內有實力。是領袖級人物，其社交能力極強，但都好利，容易忘義，所以本人如果是這個數理，最好克服見利忘義的毛病。

　　人格數為2畫者，性情堅韌，意志堅定，抗壓力強。外表看起來溫和無害，實則內心怒其中，因此易固執，剛愎自用。這種人面對異性是會變得嫉妒心強，而嫉妒容易讓人失去理智，且損害健康。此種人的交往能力差，也不易結交。

　　人格數為3畫者，性情躁進，活動能力強。雖有智謀，但名利心太重，手腕靈活，有時卻略顯卑劣。愛

攀龍附鳳，結交有名望的人，而其人容易心胸狹窄，所以結交時要小心，最好不要得罪他。

人格數為4畫者，外柔內韌性。其性格很少有激進型表現，所謂的「悶葫蘆」就是指這種人，所以註定這種人的社交能力較弱，就算有朋友也容易疏離他，其人不得親人喜愛。但此人如果人格為24畫，倒是有財運和官運的象徵。

人格數為5畫者，性格溫和，易於親近，寬宏大量，天性慈悲。易於親近的人自然人緣極好。不過這種人好名譽，愛面子，遇到這些問題時，就會不給朋友面子，導致被疏遠。

人格數為6畫者，外和內剛，為人厚道，富有俠義心腸，所以頗得人心。但無奈身世多舛，是漂泊奔波的命。

人格數為7畫者，意志堅定，果敢決斷，好打不平，但是過於自我，不會融通，所以不容易說服他人，其領導能力差，所以不易結交到好的朋友。

人格數為8畫者，天性頑固，木訥不已，愛打抱不平。有點李逵的風範。可是如果善加修養，就是一個光明磊落的漢子，容易結交。女人不宜此人格，太過強勢。

人格數為9畫者，是交際王型人物，聰穎非凡，富有理性，社交能力極強，好奔走，但也容易淪為奔波勞碌命。

人格數為10者，是個慢半拍先生，凡是慢慢吞吞，總比別人慢一拍，所以很難交到知心的朋友，別人也不喜歡和這種人交往。所以此種人的事業也不會特別旺，因為缺乏衝勁。

# 你是能交益友的命嗎

　　紫微星的交友宮能看出一個人交朋友的運勢。不同星坐落在交友宮，對於一個人的交友類型影響是極其明顯的。

　　能交益友的交友宮有如下三種：

　　一、太陽、天梁或天機、天梁坐交友宮，朋友大多是自己的貴人。這類人的朋友可以把生活經驗傳授給你，還會為你介紹一個好工作，幫你少走冤枉路。這樣的朋友雖不是大富大貴，卻能旺你一生。

　　二、紫微和天府坐交友宮，或太陽坐交友宮，易結交權貴朋友。有這種交友宮的人，所結交的朋友多是有權有勢的人，要麼就是大富大貴之人，他們能夠給以虛榮，卻很少給你帶來財路和仕途。

　　三、天同或天相或太陰坐交友宮，註定要成為老大。這種人結交了許多朋友，且朋友皆以此人為領袖。但是這種人愛利用朋友關係去佔便宜，不肯自己掏錢出力，所以容易敗壞真摯的友誼，所以有此命盤的人最好注意自己的行為，少佔便宜多做事，朋友也會為你兩肋插刀。

會交益友，就會結交損友。

如果交友宮內有武曲和七殺同坐，或者出現廉貞，是煞交友運的格局，這三星到了財帛宮，就是散財，而到了交友宮，表示朋友會劫財。你想要跟著眾人一起做生意發家致富，估計很難，要麼兩人就會因為錢財而發生爭執，導致絕交的後果。

如果交友宮有紫微加破軍或廉貞加貪狼，所結交的朋友都是酒肉朋友，對自己毫無益處，還會使你破財。

如果交友宮坐有巨門或廉貞加破軍，那麼這種人結交的朋友多是背後小人型。周圍的朋友看似熱心幫忙，其實都是扯後腿的或背後使壞的，所以千萬不要把朋友當成貴人，而且要小心損友出現。

# 怎樣看出一個人可不可交往

　　從相學角度講，透過一個人的音容笑貌、體態姿態可以看出一個人可不可交。

　　一個人可不可結交，從其言談舉止就能夠窺得一二。例如一個人說話時手舞足蹈，有很多誇張的表現，常不時地作出出人意料的舉動，此種人大多是虛偽者。不過這要跟每個人的表現欲和平時作風相對比。

　　如果別人在談論什麼事情，即使聲音很小，也會引發一個人的注意，說明此人好探聽，證明其內心也總是有不可告人的祕密，而且此人多為善變，結交時要有所保留。

　　如果一個人在交談時不斷流汗，而且用手帕擦汗的人，要麼是有政治敏感性，要麼就是心虛，而且喜歡故弄玄虛。與這種人結交要注意。

　　一些人笑起來像哭一樣難看，證明這種人警戒心很強，不輕易相信別人，十分謹慎，注意錢財的流向。跟這種人結交一旦取得他的信任，他一定會幫你成事。

　　一個人在交談時不時左顧右盼，能隨和應變，但卻總是換話題，要麼就是跟你說一會兒話就累了，轉而做

其他事情，說明這種人沒有定性，職業和居所都如浮萍。

如果一個人交談時發音艱澀或雜音較多，總是不斷清喉嚨，說明其性情尖銳，要求高，凡事希望做到最好，上進心強。與這種人結交，勿與其共作一件事情，否則很容易起分歧，影響朋友情感。

如果一個人說話時唾液如雨、或者嘴角泛唾沫，說明自我意念極強，在做事方面易犯錯誤。與之相處應注意自己的行為別被帶壞，不要跟其一同衝動。

如果一個人說話喜歡規避話題，或加油添醋，或自言自語，說明此人內心孤獨，很難與人相處。

一些人講話時總愛搖頭，是神經質的表現，他的不自覺自我否定行為，表示其內心不安定，財富易漏，不會為人處事。

有的人在發言之前就開始笑，此人要麼就是那種有親切感的人，要麼就是心態有問題，總是對任何事物採取不正經、看不上的態度。前者是能成大事、得名望的人，後者是偽君子。遇到這樣的人，要看清其本質。

說話愛皺眉、皺鼻子的人，說明此人很自我，不服人，易沉不住氣。說話不敢與人對視，說明此人心中有密祕，怕被人看出來。一些人說話時還喜歡有小動作，這在心理學當中是心虛或者說謊的表現。凡遇到上述三者，結交起來都要小心謹慎。

# 人緣好的人會被朋友拖累嗎

在紫微斗數中，包括天相獨坐命宮，又或者與武曲、廉貞、紫微等星搭配出現在命宮或交友宮，這類人的朋友多，人緣好，熱心助人，心地善良。

但是，但凡天相坐命宮時，七殺必然出現在福德宮，有破財嫌疑，而且七殺表示精神受挫，容易受到朋友的連累，或者是為朋友奔波勞碌，不得清閒。再者，天相無論出現在十二宮的哪一宮位，對宮都是破軍星在位。破軍與天相相剋，會拖累天相，導致這類人很容易被朋友牽制。

例如跟朋友一起投資，會被朋友拖垮，或者不討好。這就告訴人們，交友要慎重，有的朋友值得交，值得你去兩肋插刀的幫助，而有些朋友卻是你的剋星，常會讓你失去很多值得珍惜的東西。

# 從字體可以看出人的性格和運勢嗎

　　古人也會採取測字的方法，來推算一個人未來幾天所遇之事和運勢。其實字體是透露人內心訊息的最明顯標誌，一個人的心情如何、個性如何，會在字體上有明顯的表示。

　　字體有棱有角、字跡潦草的人：有理性的一面，處事認真負責，具有較強的邏輯思維能力；性格篤實，考慮全面，有時近乎循規蹈矩；稍欠熱情，不善交際，對與自己有關的事情非常敏感，對他人不甚關心，有時冷酷無情。

　　字體方正、有規律的人：處事認真仔細、慎重，有時過於拘泥，有板有眼，規規矩矩，但意志力堅強，熱衷於工作；有時主觀臆斷，固執，聽不進他人的勸告，同時缺乏幽默感，顯得沒有活力。

　　字體有棱有角，筆劃細小的人：氣量狹小，對自己沒有信心，辦事猶猶豫豫，不果斷；非常在乎別人的看法和態度，具有神經質性格。他們有把握全域的能力，能夠統籌安排，積極聽取他人的意見，關注他

人的長處，可以成為很好的合作夥伴。

字體大、線條分明的人：平易近人，好相處，善於社交，為人真誠親切，但有暴躁和抑鬱的性格特徵。他們趨於外向，興趣廣泛，思維開闊，做事有雷厲風行的魄力，但多有不拘小節、缺乏耐心和不夠精益求精等小毛病。

字的大小、形狀、角度都不定的人：虛榮心強，重視自己的外表，談話當中經常強調自己的觀點，因此所說的話特別多，不能夠站在對方的立場考慮問題，總是傷害別人，缺乏同情心和合作精神；由於常常以自我為中心，容易受到鼓動和干擾，有歇斯底里傾向。他們看問題很實際，有時很消極，遇到問題只看陰暗面，容易悲觀失望；情緒不穩定，自制能力差，常常會受外界的影響而忽喜忽憂。

字體彰顯一個人的性格，也能顯示一個人的未來運勢。如果字體方正、明晰清楚，表示此人最近狀態很好。如果突然一改寫字風格，潦草雜亂，表示將有煩惱事臨門。

# 你的一生是否有貴人長伴

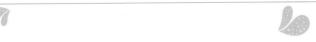

　　從四柱八字來看，如果一個人的四柱中，年柱有太極，月柱有天乙或太極或將星，日柱有金神或天乙或太極或國印，時柱有天乙或文昌，這種人通常能遇貴人。但還要看人的八字強弱。若八字五行缺木，喜用神還應是木，逢對你的缺木有相生作用的人，對方多是為貴人。

　　從姓名學角度講，姓名格局中有16畫的人易有異鄉貴人，有29畫者能得到異性貴人，有31畫者則因為善良、熱心，又會處理人際關係，所以會得到很多貴人的幫忙。

　　從相學上講，顴骨圓潤的人能得到同輩中人的相助；額頭寬廣的人，在年輕的時候就能得到長輩的提攜；下巴豐厚的人晚年能得到晚輩的敬重和奉養。從手相來看，生命線內側有一條緊鄰的線紋，那是貴人線，表明凡事都能逢凶化吉，因為這樣的人如果遇到挫折或苦難都會有貴人相助。但是如果貴人線離生命線很遠，表示就算有貴人，對方也幫不上忙。凡事還是得靠自己。常言說得好：求人不如求己。正是這個道理。

# 哪些痣對家庭關係有影響呢

通常長在喉核上的痣，不管男女，表示六親有隔閡，通常是兄弟姐妹之間出現不睦，彼此關係疏遠，情感淡漠。

即使見面了，也會因為一點小事爭吵不休。有時候，因為一方的強出頭，還會令另一方大打出手，導致雙方難以收場。這類人容易受到異性朋友或愛人的唆擺，與家人之間斷絕關係，與朋友發生爭執，社交圈會越來越小。一般情況下，生在脖子上的痣都是不吉的痣，都跟家庭不睦有關。

生在小腿上的痣代表刻苦耐勞、有責任心，能照顧家庭，將六親的關係處理得很好。

# 姓名可以看出人的談吐弱點嗎

　　從一個人的姓氏劃數和名字劃數就有看出一個人談吐弱點。姓氏劃數，就是指這個人的姓氏的筆劃數，例如：林邱周邵孟卓季金……這些姓氏劃數都為08，高唐夏秦袁徐翁……這些姓氏的劃數為10。

　　如果一個人的姓氏劃數為08，名字劃數為9.14.17.22.25.30或是一個人的姓氏劃數為10，名字劃數為13.15.16.21.23.24.29，這樣的人總是眼睛看到什麼就會說什麼，講話完全都不修飾，但是往往言者無心聽者有意，但是怎麼都沒有辦法。因此這樣的人都是因為說話太直沒有修飾而得罪人。

　　如果一個人姓氏筆劃14，名字劃數13.16.17.19.21.24.25.27，或是一個人的姓氏筆劃15，名字劃數9.12.17.20.25.28.33，這樣的人總是說話太快，不經大腦思考，個性很直接，有話藏不住。如果一個人的姓氏筆劃07，名字劃數10.13.14.18.21.22.26，或是一個人的姓氏筆劃13，名字劃數12.15.20.23.28，這樣的人很有擔當，自己認為對的就是對的，怎樣講都不會改變，要或不要清清楚楚，有理不饒人，不過不會在背後說人壞話。

# 誰在職場易遭人利用

　　「一個好漢三個幫」，出門在外，總要有或多或少的真心朋友，在關鍵的時刻可以幫助你，可以作為你的指向標。

　　因為競爭壓力如此巨大的當今社會，誰都會有不堪重負需要協助的時刻，誰都遇到過無法靠個人的力量去完成的工作，這時候，朋友毫無城府的幫助，會讓你得到幫助、完成任務之餘倍感溫暖。

　　可是，你的朋友在幫助你的時候是不是只考慮了你的利益以及與你相關的一切，而不顧及他人，甚至不在乎方式？相同的，別人的朋友再把你當做敵人來幫助他人的時候，你會被他們設計暗算嗎？

　　什麼樣的人比較容易成為他人的利用對象呢？我們又該怎麼避開這些爾虞我詐呢？下面我來做一個簡單的排名。

### ◆ 天同星

　　超級好利用的天同星出場了，想利用天同星真的是易如反掌，好像他們天生就是為了被別人利用而生

的。他們生性善良，並且寬容大度，一副本本分分的模樣任誰都有想利用他一次的慾望，其實天同星很多時候並不是不知道自己被別人利用了，只是更多的時候，他們寧願用自己的忍氣吞聲來換得一個息事寧人的結局，他們覺得一個大圓滿的結局才是最好的，所以有的時候寧願被利用一次，兩次，三次或者很多次，其實，心地寬容是好，但是每個人都要有自己的不可觸及的底線，只要觸及，你一定要爆發出來，這樣才不會每次都是最倒楣的那個，也不會為了所有人的圓滿而委屈了自己。

### ◆ 天梁星

天梁星排在第二位也是不無道理的，因為想要利用天梁星就沒有利用太陽星那麼困難了。原因很簡單，天梁星為人善良，喜歡幫助別人，這是他們的優點，但同時也是的大缺點，幫助別人並不是壞事，但是要量力而行。

你有100塊錢當然可以拿出80塊錢來幫助別人，真是傾囊而出，出了100也無可厚非，但如若你非要拿出200來幫助別人，那就不是什麼明智之舉了。

所以想要利用天梁星，就天上地下的說些拍馬屁的話，不管你的馬屁拍的多麼不著邊際，在天梁星的耳裡都是最動聽的音樂，這時候你要是趁機提出什麼

要求，天梁星一定會有求必應，給足你面子，也讓自己無比威風，但是事後的情景可能就沒那麼樂觀，畢竟個人的能力有限，但說出的話又不好反悔。

所以給天梁星的忠告就是，對方的好話聽聽可以，但是真心或是諂媚就要自己判斷，不要隨口就答應別人的請求，尤其是對金錢不太敏感的你，不要輕易與別人在財務問題上發生糾葛，總之凡事謹慎錯不了。

### ◆ 太陽星

把太陽星放在第三名，是因為想利用太陽星可不是一件十分容易的事情，因為太陽星比較有主見，不會很容易的就掉進別人設計的陷阱裡，想利用或者陷害太陽星的人，不說煞費苦心也得要有一定的頭腦和策略的。

但是既然太陽星進了排行榜，證明還是比其的要容易被利用一些。

這裡就有一些建議，第一，凡事切忌浮躁，衝動是魔鬼，在自己無法控制自己的情緒時最好也不要嘗試決定什麼。

第二，上進要強這是優點，但凡事有度，過猶不及，中國自古講的是中庸之道，所以要做到張弛有度，不要處處出鋒頭，記住，槍打出頭鳥，太愛出風頭的後果就是會很容易成為別人攻擊的目標。

　　當然，有一點需要澄清，這裡把主星的弱點舉例說明，並不是要教大家怎麼利用這些來算計別人，而是希望一旦有主星落在這三者上的讀者們看到了之後，能在日常的工作學習中加以防範，或者說得不這麼嚴重，希望大家心中有數，畢竟世上沒有十全十美的人，趨利避害，我們以後的路才會越來越順。

# 月柱能看出人的財富和六親關係嗎

　　四柱八字中的每一柱都能看出人的命運脈絡走向，他們分別昭示著人生不同的境遇。月柱主要看人的財帛和家庭。

　　出生在正月的人，成為顯貴的可能性比較大，易於當官，做事時小心翼翼，步步為營，所以做大事時雖不一定有大成，但必然從無錯漏。這類人的財運極佳，可以從多方面的管道獲得資產，不管是固定投資還是投機性的投資。家庭生活也頗為美滿，能得到妻子和孩子的支持。

　　出生在二月的人，天性溫和無害，善良多情，對待身邊的人很好。此類人的頭腦靈活，能賺很多錢，特別是中年之後，就算不能大富大貴，也絕對不會吃任何苦頭。可惜的是六親少緣，享受不到人倫的快樂，容易在外漂泊。

　　出生在三月的人，多心胸寬廣，忍耐力強，凡事不與人斤斤計較。雖然早年運勢平平，但是到中年時候，因為心寬體胖，出手大方，有發家致富的命，到

了晚年必能享盡榮華富貴。

　　出生在四月的人，性格多毛躁好動，心性不定，好四處走動，結交朋友，所以久和家人分別，不能守護祖業，非繼承人的選項。不過這種人能自立門戶，一開始可能看不出來，等到中年時期就開始轉運發財。

　　出生在五月的人，生在天朗氣清初夏，性格溫厚善良，聰明伶俐，多是顯貴出身，即便不是也能自己升到高位。行事正直，得人信賴，總有貴人相助，推他直上青天。但此類人的夫妻緣淺，若是其他三柱也顯示夫妻緣不佳，很容易是離婚的命。

　　出生在六月的人，性格乖巧，聰敏伶俐，為人曠達，善於交際。自身頗有天賦，喜歡自助創業或者從事自己喜愛的行業，所以不會待在家中等待繼承祖業。乃自主創業型人物。這種人能憑藉自身的能力和高明的手段賺取錢財，一生都在福祿中度過。

　　出生在七月的人，心地善良，溫吞厚道，愛好和平。行事謹慎，認真可欺。因為其善良能積福德，雖然一開始不能享受有錢人的生活，到了晚年也必然金磚銀瓦在手。

　　出生在八月的人，是十二月當中最顯精明、最多才多藝的一類人。他們的目光敏銳，能看透事物的實質，所以做起事來常能找準關鍵，一擊即中。此類人

的性格多正直無私，喜歡有條不紊地處理事情。只是六親緣少，只有離開了祖上的庇護，自己去開創事業，才能真正的成為有錢有勢之人。

出生在九月的人，是比較能做官大人，但是由於性格好動，能說會道，導致經常招惹是非，所以對官運、財運來說是一大敗筆，如果生於這個月還是沉默寡言的人，通常要麼胸有成竹，要麼就是膽小怕事。這個月出生的人婚姻緣的格局不好，早婚很有可能離異，所以儘量晚婚，也要晚生孩子，以免孩子夭折。

出生在十月的人，心胸寬廣，自有一番超然的氣度。能包容一切他人所不能包容，做事從容不迫，有條不紊，所以能積攢福祿，是貴命人。不過，這類人的異性緣和六親緣淡，甚至連朋友都不易結交，容易孤獨地活在自己的世界當中，即便有朋友，也很少能跟其交心。

出生在十一月的人，有官運傍身，聰明伶俐，懂得討好權貴，但是性格太急，又好耍權謀之術，有時候物極必反，弄得自己一身不是。所以有時候最好裝傻，不要太聰明。此類人早年較差，晚年能積累財富。

出生在十二月生人，不是個能享清福的人，總是會被父母兄弟妻子朋友拖累，是勞苦奔波的命。但他

們心直口快，良善可欺，所以也能得人尊重。但在財富方面並不是特別理想，雖然家人朋友都可以藉他的光變得富貴，但他自己就算有錢也不能盡數享到，因為總是在過給別人花錢的生活。

# 什麼樣的人一看就是吝嗇鬼

　　大凡吝嗇至極的人，其面相必定不會是那種天庭飽滿、地格方圓的人。

　　從姓名學角度講，比較吝嗇錢財的人，其人格和地格是16畫或24畫。這樣的人對每一分錢也都看得很緊，但是，這種小氣是為了以後能賺大錢，其小氣得有理，而這種人的理財能力和賺錢能力也比較強。

　　而在相學當中，吝嗇之人多有明顯的特徵。鼻孔生得很小的人，通常對自己的東西過分愛惜，別人碰不得、摸不得，所以常被認為是小氣鬼。與之相反的是，如果一個人的鼻孔較大，就應了那句「財大氣粗」的話，說明此人比較大方。不過這也只是一說而已，如果鼻孔較大卻外露明顯，此人多是散財的人，守不住大財。而根據手相來看，手掌伸出時略有彎曲，或者智慧線末端略微上升、智慧線過長或出現斷掌的人，對錢財通常謹小慎微。

　　其實一個人是否吝嗇，還跟其家境、交際和教育環境有關。外物的影響有時甚至能幫人克服先天的缺陷。

# 什麼是有財無庫，或無財有庫

在紫微斗數裡，財帛宮代表賺錢能力，田宅宮代表守財能力，同時也代表一個人不動產的豐厚與否等。而在紫微斗數之中，有「有財無庫」和「無財有庫」兩種命盤。

「有財無庫」指的是一個人的能力很強，特別能賺錢，即財帛一宮主星絕佳，例如有天府、武曲、太陽等星。可是，如果這種人的田宅宮卻有煞星或主星平平，那麼此人花錢方面就是出手大方，沒有攢錢的能力，人稱過路財神。

一個人是否是過路財神，在姓名的五格中也能看出，若人格的筆劃數相加為單數，地格筆劃數相加也是單數，有這樣格局的人就屬於過路財神。

「無財有庫」與「有財無庫」恰恰相反，它指的是一個人的賺錢能力一般，但是因為很會理財或者能直接繼承祖業，所以總是有一筆可觀的財產。財帛宮的主星平平，但田宅宮或福德宮特別多時，就屬於無財有庫的格局。其姓名五格當中，這種人的人格與地格的筆劃數相加皆為偶數。

## 什麼人能夠財福齊得

　　從紫微斗數推命盤來看，一個人的福德宮和財帛宮皆佳，這種通常能夠財福兼得，特別是能得到很多錢花，也能住上豪宅。福德宮可以看到一個人的物質和精神享受程度，而財帛宮是看一個人的理財觀念和花錢態度。如果財帛宮裡面有天同、天梁其中之一，且沒有煞星在位，表示此人懂得享受，寧可拿錢財來揮霍，也不要吝嗇自己。這種人的財源可謂廣進，來路頗多，還懂得如何花錢打點周圍的一切，為自己營造舒適的生活環境。

　　另一種能夠享受錢財豪宅的人，其福德宮或財帛宮各坐了一個祿或是祿存，並且沒有煞星介入。有這種命盤的人會保持一種愉快的心情，當然就會懂得物質和精神上的享受。如果有雙祿在福德宮或財帛宮的人，這種人錢來得輕鬆，多是橫財、偏財，不過因為這種人的理財能力很好，會將自己的產業越置越大。

　　還有一種人的福德宮跟財帛宮各有天府、武曲，有祿星在身，無煞星擋路，這種人錢財來得快，財源也越來越增加，當然能享受生活。不僅如此，當福德宮有這幾顆星時，表示這種人經常有宴席參加，其口福不小。

# 八字重就能成為有錢人嗎

　　過去所謂的八字重，就是指一個人出生的時間交好，福祿深厚，身體健康。古人把八字像秤東西一樣分出了份量，從二兩一到七兩一，總共有五十一種斤兩。若依輕重分為三類的話，二兩一到三兩七屬於八字輕的；三兩八到五兩四屬於八字中等；五兩五到七兩一屬於八字重。

　　八字重的人代表先天資質好，生於福祿之家，少有名望。而八字輕的人多出身貧寒，社會地位低，福薄無財。但是，八字重的人並不等於能大富大貴。一個人的富貴與否，還要看這個人未來是否能夠透過個人努力去守財。如果先天條件好，後天卻懶惰敗金，無德無能，那麼就算家底深厚，也會因為不善理財和經營而變得一貧如洗。有時那些八字輕的人透過後天的努力，對人生善加經營，也能在未來安享富貴。

　　八字只是一個人先天命相的參考，而並不能決定後天運勢。命不可改，運卻可變，透過發奮圖強，普通八字的人也能享受榮華富貴。

# 你是個能發橫財的人嗎

　　現代所謂的發橫財，其實就是算命學裡的偏財運。有偏財運的人首先要看其八字中是否有偏財出現。如果八字裡沒有偏財運，但流年時期逢偏財，或大運時期有遇偏財，就會有意外的金錢收穫，此時應當注意那些意外之財，它們是可以留的，而有時候橫財不可以留，必須要散出去，對一個人的運勢才不會有不好的影響。

　　從姓名學角度講：人格有15或24畫的人很會投資理財；有26畫的人很會為人處世，朋友很多，能幫助自己的人也不少；有29畫的人，很有異性緣，運到任何麻煩事都會得到異性的幫助，所以也會走偏財運。

　　從相學上講：鼻頭有肉代表正財，鼻翼有肉代表偏財，所以看那些鼻翼豐滿發達的人，其偏財運佳，可以做一些小買賣，會發財。不過如果鼻翼不對稱，其橫財來路不好，所以錢財恐難留住。如果看手相的話，手掌伸出時略帶彎曲或者事業線與成功線合二為一，這樣的人偏財運很旺。

# 你會成為有錢人嗎

　　以紫微斗數來看，十二宮與富貴有關的就是財帛宮、福德宮和田宅宮。財帛宮代表人的賺錢能力，福德宮代表人的錢財來源，而田宅宮代表一個人的理財能力。但一個人財帛宮、福德宮再棒，田宅宮有煞星，一樣會漏財。所以好的紫微斗數命盤是天府、武曲和太陽落到這三個宮位，並且三宮無一煞星擋路，那麼這種人的先天命理就帶有大財運，會成為有錢人。

　　從八字來看，一個人的四柱幾乎都是正官、正財或偏財，其命中神煞為太乙貴人、祿星等，註定會發家致富，就算早年辛苦，中年也能成富翁。

　　從相學來看太陽穴的天倉、兩邊顴骨的中二府以及下巴到腮骨之間的下二府，分別代表少年、中年和老年的運勢和財運狀況。如果這三個部位都隆起豐滿，紅潤有光澤，說明此人財運極佳。以手相來看，如果大拇指的第二指節出現縱橫交錯的細紋，這叫做積財紋，紋理越細越密，說明此人會透過奮鬥累積大筆財富，慢慢地成為有錢人。

# 哪種人更適合炒股票

　　從紫微斗數來看，在炒股票方面比較能發財的人，第一種是命宮有天府或天相二星，此二者如坐財帛宮等宮位，三方四正無煞星擋路，通常能獲得意外之才，特別是在炒股票上，大行情不變的情況下，可以發一筆財。

　　第二種是殺破狼格局，這種人膽大包天，敢於行他人所不敢，愛抱冷門，可偏偏會因此而賺錢，所以炒股票很適合有殺破狼格局做財富之類宮格的人。但殺破狼又容易散財，需小心。

　　第三種是太陽、巨門、天機、天梁四星同坐命盤三方四正對照格局。這種人行事小心謹慎，在炒股票和投資基金方面比較穩健，而不像殺破狼格局的人敢於冒險。不過對於「陽門機梁」格局的人來說，長線投資和穩健投資能穩妥地發財，而殺破狼格局的人雖能得橫財，卻也未必一定都是贏面。

# 哪些人最有投資運

從紫微財帛宮可以看一個人的投資運。

財帛宮坐天機、天梁的人，屬於動腦筋型，懂得什麼叫錢生錢。所以他們適合炒股票和基金，在金融口這裡發財。但是他們的錢容易漏出去，所以培養後天理財能力很重要。

財帛宮裡坐太陽、天相和武曲的人，其事業跟專業技能有關，所以穩紮穩打，多有所成。

財帛宮裡坐太陰、天府的人，有錢可以去買不動產，例如房屋、土地等，他們有炒房賺錢的運勢。這種人眼光准，看房買房總是能趕上好時機。

財帛宮坐破軍、七殺、廉貞的人，他們沒有投資運。即便投資也會易破財。所以如果是主管錢財的殺破狼格局，其中破軍坐財帛宮的人，就要小心投資了。

# 哪些人看起來能成富翁

　　從紫微斗數、八字、姓名學、面相、手相都能看出一個人會否成為有錢人。而從相學角度講，一個人全身骨骼和皮肉所表現出的不同特徵，都能顯現一個人是否能成為富翁。

　　大凡腰圓背厚的人，一看就是身體很好，注重養生和生活品質的人，這種人天生帶有一種富貴相，因為腰背是一個人財富的象徵。

　　顴骨凸起、地格方圓的人，是財富的象徵。

　　氣色紅潤，皮膚細膩潤滑，後背的骨骼清奇者，是財富的象徵，而且常常能得意外之財，且可以守住橫財。

　　手背厚而有肉的人，行走、端坐、吃飯時身體平穩，不來回搖晃，說話時氣息平穩，這類人是那種氣定神閑的類型，就算此時此刻沒有發跡，將來也必能成為非常富有的人物。

# 哪些人視錢如命

　　錢是世界上對人誘惑最大的事物，愛錢之心人皆有之。有錢辦事易三分，沒錢辦事難十分。所以有些人視錢如命，這是在所難免的。

　　從紫微命盤來看，一些星曜坐財帛宮，是極為愛錢的象徵，甚至認為金錢高於生命。

　　排行第一位的當屬武曲星。武曲星落財帛宮或命宮，這種人視錢如珠如寶，做什麼事情首先考慮的必是錢的問題，信仰是「有錢能使鬼推磨」，行事風格是錢要怎麼花最合理、最節省。此類人之所以如此重視錢財，是因為他們認為錢來之不易，賺得難，所以花得必須謹慎。在他們看來，富翁並不是因為你會走財運，而是在精打細算中脫穎而出。因此，要想從這類人身上得到金錢利益，簡直難上加難。

　　第二位要數天府星。天府星坐財帛或坐命宮，這類人有爆發戶的心態。認為世界上除了錢就沒有別的。有錢才能吃好喝好，才可生活富足，才能地位高貴。沒錢就是卑賤，就是命薄，就不能好好生活。此類人可歸類為拜金主義，視錢為控制一切的物質手段。所

以要是想花他們的錢，做好被他們折損和批評的準備，他們會把你說得一無是處，然後一分錢也不給你。

　　第三位要數貪狼星坐命宮或坐財帛宮。這類人能賺錢也能花錢，他們生性喜好玩樂，懂得物質上一定要有所享受，生活才能美好。所以他們想怎樣花錢就怎樣花錢，有時候甚至不知節制，是散財童子一類的人物。錢對於他們來說當然多多益善，因為沒有了錢，他們就沒有了生活樂趣。

# 哪些人一合作就破財

從生肖算命來講，也就是看四柱八字的年柱，我們可以得知有些人不宜婚配，還能得知一些人實在不宜合作賺錢。

首先，生肖犯六沖的人不宜合作。

鼠與馬、牛與羊、虎與鼠、兔與雞、龍與狗、蛇與豬。但凡遇上此類搭檔，由於兩人的人生觀、價值觀很難苟同，所以在投資理財方面的選擇性也不一樣，因此如果在一起合作，彼此會成為對方財運的煞星，一旦湊在一起賺錢，很容易做賠錢的買賣。

其次，生肖犯六害的人不宜合作。

鼠與羊、牛與馬、虎與蛇、兔與龍、豬與猴、雞與狗。以上幾類搭檔，由於兩人的行事方法和處事觀念不同，價值觀也不一樣，還容易互相諷刺和攻擊，所以他們實在不宜在一起做生意，很容易因為錢財而影響朋友之間的關係，所以賺錢最好各顧各的，不要湊到一塊兒。

再者，生肖三刑的人不宜合作。

鼠與兔、虎蛇猴、牛狗羊。鼠兔合作賺錢，容易

產生一面倒的事情，也就是一方賺，一方賠，所以就算合作也會產生分歧，不如分開投資理財。虎蛇猴、牛狗羊這兩種三人組合的合作模式，通常是每個人各懷鬼胎，彼此認為都是一根線上的螞蚱，如果自己不討好，別人也別想好；而賺錢的時候，都想把自己的腰包裝滿，所以這兩類屬相合作實為不宜。

日柱的在合作投資上的決定作用只是一方面，如果兩個人或三個人一起合作，其屬相相合，但八字的其他三柱不合，一樣會賠錢。但從大局上看，上述犯沖、害、刑的屬相者，最好還是不要在一起合作。

# 看哪些人容易為情破財

　　從姓名學角度來講，一個人的姓名筆劃搭配，可以看出這個人是否會因感情而弄至破財。

　　男性姓氏劃數8畫，名字劃數7.9.19.25.32.33；女性姓氏劃數4，名字劃數11.16.19.23.29。

　　這種人年紀輕輕就會談戀愛，為了愛情不可自拔，女性還容易輕信男性，付出一切。通常筆劃是這些組合的人，多對愛情沒有自主能力，最後成了愛情的奴隸，導致事業潰敗，一事無成。有的甚至連學業都無法完成。

　　男性姓氏劃數07，名字劃數10.14.26.28.32；女性姓氏劃數12，名字劃數16.20.26.30。這種筆劃組合的男女容易身陷情色場所，為了心儀的男女而花盡錢財，落入桃色陷阱。然而事實上很難找到真愛，常常就是人財兩空，被騙取了感情和財帛。

　　男性姓氏劃數15，名字劃數13.18.20.24.26.32；女性姓氏劃數04，名字劃數10.12.14.24.28.34。這種筆劃組合的男女即使結了婚，也容易有外遇，一旦遇到心中理想的男性或女性，就會經不住誘惑，背叛婚姻。為了追求愛情而放棄婚姻，是否值得只有這些男女才知道。

# 最敗家的屬相有哪些

　　不同屬相的人，賺錢的觀念不同，花錢的觀念也不一樣。最能花錢的屬相，要屬牛、豬和虎。

　　屬牛的人雖然性情穩重，但注重外表的裝扮，尤其是對優美、高雅的事物沒有抗拒力。特別是屬牛的女性，喜愛保養品、服飾、首飾等高級消費品，只要看中了美麗的事物，就有慾望去買。有些人能控制住自己的消費欲，但那些控制不住的人就會花費高昂的價格買自己喜愛的事物，結果往往弄得入不敷出，導致錢不夠花。所以屬牛的人一定要注意消費適當，千萬別成了敗家之人。

　　屬豬的人喜歡追求時尚，這不是單純地表現在物質上的享受，還包括精神領域。他們著重於新鮮事給自己帶來的新潮感，喜歡立於時代的尖端，可以說是十二生肖中最有潛力成為流行天王的人物。不過，屬豬的人容易為了追求潮流而失去自我的風格，花錢倒是其次，如果因為追求某些事物而迷失自己，那麼再時尚的東西對於這種人來說，也不會凸顯時尚。不要忘了，任何時尚都是由引領時尚的人創造出來的，你

就應該是你自己的時尚代表。

　　屬虎的人對生活水準要求很高，懂得享受，且很有品位。所以這類人常會有欣賞某些事物，並為這些事物癡迷，從不吝嗇花錢。為了物質和精神上的滿足，屬虎的人不惜砸重金，其敗家能力算是很強的那種人。不過，一切的奢侈品或消費品會被屬虎的人盡數享受到，所以此類人的生活從不吃虧。

# 你是過路財神嗎

　　一個人被形容成過路財神，通常都說明此人經常能有大量錢財經手，但總是守不住，不是給自己花了，就是給他人花了。

　　前文已經透過紫微斗數來解釋什麼樣的人易成為過路財神，例如財帛宮有財星或強勢的星坐守，但田宅宮卻被煞星衝破，就屬於過路財神。如果此人的福德宮漂亮，錢應該是花在自己身上，否則必須要看其六親的宮位，才能得知錢財的流向。

　　從四柱八字來看，一個人代表錢財的正財或偏財如果被沖剋，那麼說明此人雖然容易得財，但漏財的機會更多，想發家致富很難。

　　從相學角度來講，一個人鼻樑挺直、鼻頭豐潤，本來應是大富大貴之人，可是如果他的鼻孔張揚外露，財氣有散失的現象，這種人即便很能賺錢，也因不會理財而敗壞了巨額財產。從手相上來看，事業線、智慧線和成功線都很漂亮，但指縫卻有許多從手掌上延伸下去的細紋，這叫做漏財紋，表示此人的錢財常會不知不覺的流失。

# 聲大則貴，聲小則賤嗎

　　人的說話聲音和語調，能夠明顯的突顯出一個人的性格、氣質、教養、學識、家庭的水準。相學裡講，聲音亮而清晰的人，是貴人，而聲弱氣濁者是貧賤的象徵。但並不是說，說話聲音大就是有錢人的命，說話聲音小就是窮人的命。

　　說話聲音小，但是氣音明亮，讓人完全能聽清楚，這是氣場強硬者的突出特點，其人肯定是富貴集身。而聲音很小，又軟軟嫩嫩的，若是男性，一定是貧寒出身，因為身份的問題而自賤，所以才有氣無力；若是女性也多是沒有個性，性格軟弱的人，很難向有錢人的行列進軍。

　　如果女人的說話聲如男性，或者嘰嘰喳喳個不停，讓人聽不清楚，容易終身不得寵，婚姻淪為不幸的境地。如果男子說話像女子，一般來說性向多少都有問題，或者不容易被女孩子喜歡。

　　富貴之人，說話的底氣都是十足的，聲大無形，讓人如雷貫耳，且談吐自如，魅力十足。而貧窮者鮮少能托氣而發，以丹田發音，以膛氣說話。通常貧困

者即便說話聲很大，也多為心虛的表現。不過，也有些沒有錢的人說話時氣定神閑，這種人會把生活打理得井井有條，就算沒有錢，也一樣過得美滿。

# 人的骨肉比例與福祿有關嗎

　　世人常說，一個人生得富態有肉，表示有福。不過富態的前提並不是肥胖。病態的肥胖絕對不是民間所說的「富貴相」。

　　一些人的肥胖是糖尿病的早期症狀，還有的是因服用激素，或者攝取人體無法消耗的熱量而導致的肥胖症狀。這種肥胖顯然是病態，必須要及時給予治療。

　　在相學當中，一個人如果在健康情況下略顯肥壯，的確是富相的表現。不過根據中國傳統的「秤骨論命」學來看，人的肉和骨骼比例要協調，才能福祿雙全。

　　「福生於骨，祿在於肉。骨重則福重，骨輕則福輕。骨清則受清福，骨濁受濁富。肉多食祿多，肉少食祿少。肉少骨多，有福無祿；肉多骨少，有祿無壽；骨肉相稱，福祿雙全。肉肥促急，軟而有骨，食祿已定，死期可卜。」

　　這是相學中秤骨論命中有關骨骼肌肉比例和福祿的關係。意思是說，福生於骨，財祿生於肉。骨頭重的人福重，骨頭輕的人福薄。骨格清奇的人享受清福，而骨骼濁氣較重，多病多災的人，即使有福也享受得

不痛快。一個人的肉多表示有財，肉少表示一貧如洗。通常來說，肉少骨多，有福無財富；肉多骨少，有錢也無福消受。只有骨肉相稱，肉質多肌肉的人，才能福祿雙全，如果一身肥肉，骨頭卻不明顯，是短壽的命，正應了肥胖疾病一說。

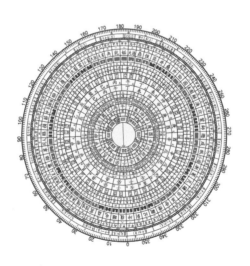

# 你的腹部是藏黃金的地方嗎

　　古語有云：大肚能容天下事。肚子就是指一個人的腹部。在相學當中，腹部的形狀可以看出這個人的財運。

　　腹部緊瘦，位置較低，是能坐住錢財的象徵，這類人家底比較厚實，又或者特別能攢錢。腹部很大且下垂，是「名滿天下」的相。當然，這要排除肥胖症和啤酒肚等範圍。過去帝皇的肚子都不小，而在朝為官的人，凡是大腹便便者基本都是高官，看來這一點倒是有些道理。

　　如果一個人的肚子隆起的部位靠上，是消化不良的表現，這被稱謂「雀腹」，乃貧賤的象徵。我們可以看到，許多饑荒地區的人肚子都比較突出，且非下垂，這都是營養不良的原因導致，絕不是「腹藏黃金」之相。另外，如果腹部和肚臍的位置特別突出，是有病的徵兆，很容易早夭，有這種症狀的人，得趕快去檢查身體。

**3**

風水篇

# 錢放在哪裡最好

　　在風水中，已經獲得的錢不僅僅是一筆財富，還是招來另一筆財富的象徵，所以家裡的錢放在哪裡，是個很重要的問題。放不好，把錢丟了不說，還會導致後運不佳。

　　一般說來，容易拿得到的地方不能放錢，比如，抽屜、收納盒、枕頭下面，這些輕而易舉能被別人猜到的位置一定不能用，所以一定要藏得隱祕些。不過，現在很多人用保險櫃來保管錢，但需要注意的是，保險櫃作為錢生錢的地方，一定不能放在凶位，避免帶來霉運。

# 招財方法知多少

　　民間有一些常用的招財方法，老祖宗們傳下來的祕訣是必須知道的。

　　最常見的是供奉財神。財神切忌放在魚缸邊上。魚缸是用來化解凶氣的，所在位置本就是凶位，在這裡放置財神不但不能生財，反而會導致噩運。在風水學上，這種現象還有個專用名詞叫「正神下水」，就是破財的徵兆。

　　還有人在神位上貼上用紅紙寫的「招財進寶」，這一方法必須虔誠，要每天向神明祈禱。

　　養魚的人家可以養一些開運小金魚。魚的顏色與其催財功效密切相關。白色和金色的金魚催財效果最好，因為白色金色五行屬金，金生水，水能旺財。藍色、灰色、黑色的金魚催財也不錯，因為這三種顏色五行屬水。青色、綠色、黃色的金魚催財的能力很弱。青色綠色五行屬木，會泄水。黃色五行屬土，土剋水。所以要是為了旺財的目的養金魚，不要養這三種顏色。魚缸的位置要在北方，定時清潔。

　　招財貓我們常常見到，放在辦公室裡效果會非常

好，不過千萬記得，這樣的「撲滿」一定要裝滿錢幣後面對門外招財哦。

比「撲滿」更古老的方法是用古銅錢招財，將它們串在一起掛起來。

以前的大戶人家都有供果，無非是蘋果、橘子、梨子、棗子、鳳梨這些水果，放在供桌上每月拜一次，就可以財源不斷。

廚房放著一家人的所有食糧，一家人能不能吃飽穿暖在一定程度上就看廚房的儲備了。所以，一定要維持廚房的米缸、米桶的儲量，不能太少，隨時記得補充糧食。

冰箱裡面也不能太空，在不影響食品新鮮的情況下儘量利用冰箱的所有空間。只有糧食充足了，一家人才能安心過日子，而這也正是好運來臨的基礎。

風水上有個古法，將三枚古錢幣放入紅包中，埋在米缸裡，可以大大增加財氣。

每次提到和廁所有關的風水，我們都會用穢氣來形容，廁所幾乎成了凶地的代名詞。但是只要佈置合理，廁所也可以招財的。

首先就是不要將廁所設置在房屋的重要位置，像中心地帶、西北和東北方位等。

而在廁所內部，可以在東方也就是青龍方向裝一

個排風機,把穢氣排出去,同時還能帶動青龍位的財氣。在廁所放一些能有效吸收臭氣的小盆栽或者是撒點香料,能夠帶動財運。

透過擺放物品來招財我們多次提到過,但是究竟哪些東西能招財呢?從大概念上講,充滿生氣的物品可以帶來財運,這些東西的性質多是屬熱性的。所以金銀等金屬藝術品,或者是古制錢幣,都能夠產生吸引財氣的效應。

而一些極具生命力的植物乃至動物也能招來財氣,還有一些在傳統意義上具有招財象徵的靈獸,雖然生活中不可能有,但是透過金屬玉石打造出來的招財靈獸也很有風水招財的意義。

門檻是門的關欄,是集聚財運的,把屋內的地氣擋住不致外泄,尤其是那些外面道路低於家中地面的,更要加高門檻以保存地氣。在古時候,門檻的高低也暗喻著房屋主人的身份高低,不同的級別用不同的門檻。一般來說加高門檻應該是可以的,但是千萬不能逾越了身份級別,這樣反而會導致災禍。

窗戶的形狀也和招財有很大關係。一般說來,圓形或拱形的窗戶比較溫和,不會破壞財氣,但這樣的窗戶要用於起居室或者是臥室,而餐廳這樣的地方要用方形的窗戶,才能夠振奮精神。

　　窗戶是生氣的入口，因此開窗方式也很重要。內開、半開的窗戶都會影響氣場流通，不利於招財，所以開窗最好是向外開。當然，如果已經是內開的窗戶可以用擺放盆栽來活躍能量。向上開的窗戶比較少見，如果遇到了可以考慮掛些明亮的窗簾或者裝飾品做彌補。

# 常見的招財法寶有哪些

◆ 水晶

　　水晶是能量彙集的象徵，水晶製作的招財吉祥物是非常有效的招財方式。不過在擺放這些水晶時需要挑選好方位。針對水晶的特點要選擇家中財運能量最強的地方擺放水晶，比如收納重要財物的櫃子上、家庭保險櫃旁邊、公司財務部門。水晶的造型一定要圓潤，不能有刺狀形態，球形或者是金字塔形都是傳統的水晶招財形態。

　　不同顏色、形狀的水晶效果不同。想要改善理財的能力，可以把水晶擺成七星陣，或者使用金字塔形狀的水晶、柱狀水晶。想增加攢錢的能力，可以擺放紫水晶洞或黃水晶洞。

　　對於一些較為冷門的行業來說，色彩多樣、造型抽象的水晶擺設可以帶動氣場，促使生氣流動，從而帶來財運。

　　想要多攢些私房錢，水晶也能幫上忙。私房錢要藏在隱祕的地方，所有招財水晶也要藏在隱祕地方藏

好，梳粧檯是最好選擇。可以把一枚球狀水晶藏在梳粧檯下。

如果可供支配的錢財有限，買不了大的水晶擺件，買水晶碎石也可以，水晶碎石價格便宜，而且各色俱全，搭配方便，可說是物美價廉。

白青黑赤黃五色的水晶象徵著五路財神，將這五色水晶碎石放到自製的小袋子裡隨身攜帶，能旺盛財運，增進招攬財氣的磁場。投資者、生意人佩戴這種袋子，能源源不斷地帶來財氣。這種小袋子還有增強氣場、集中注意力的功效，學生、工作人員佩戴也很不錯。在家中的財位擺放五色水晶碎石，能增進全家財運和貴人緣，使人在職場上順風順水。

#### ◆ 銅錢

古銅錢本身是有收藏價值的，不過對於風水學來說，銅錢有著招財的特性。銅錢造型外圓內方，聚集了天地間的靈氣，有著極強的力量，所以用來招財、鎮邪都很有效果。但是有一點，銅錢多半是從墳墓裡出來的，有很強的陰氣，儘管能加強氣場，也不是輕易能用的，所以一般的古銅錢要經過開光才能使用。

將銅錢分別染成紅黃白藍綠五色稱之五色銅錢，象徵五路財神，能夠招來正財。這是最通用的古幣招財法，很多農村還一直保留著懸掛五色銅錢的習慣，

大家不妨試試。

取清朝順治、康熙、雍正、乾隆、嘉慶五個皇帝的銅錢各取一枚，用紅線串起來，成為五帝錢。五帝錢有擋煞、防小人、避邪，增進財運的功效。五帝錢增進財運，還能旺偏財。可以將五帝錢放在門口的腳墊下，也可放在鞋櫃上的罐子裡。還可以將其掛在包包上作為裝飾品。

#### ◆ 貔貅

貔貅是傳說中招財靈獸，專門管彩券、賭博這類偏財。貔貅五行屬火，由木生出，所以綠色的貔貅有助於發財，能招來大量的財運。玉質的貔貅裝飾品最好。隨身佩戴的貔貅是不能讓外人碰的，不慎被人摸過要用鹽水清洗。

居家擺設的貔貅的位置很重要，要把它的大嘴對準窗戶和門，用於吸納財氣。貔貅是靈獸，是不能隨意把玩的。另外一定要進行開光，只有開光了的貔貅才沒有暴戾之氣，才能平平安安地招來財富。

#### ◆ 聚寶盆

聚寶盆並非只是傳說，風水學中確實有聚寶盆。將聚寶盆放在梳粧檯下或者玄關裡，能使財運旺盛。

聚寶盆需要自製。

首先要選一隻小口大肚的甕，甕的顏色要用黃色或者橘黃色。把各種不同面值的硬幣放入甕裡，再依次放入五帝錢、朱砂、磁鐵、黃水晶碎石。以放到八成滿為宜。最後，在上面放上幾個元寶形水晶，或是放上一枚水晶球。

◆　**發財樹**

發財樹又叫瓜栗、中美木棉，是常見的綠色植物。這種植物葉子寬大肥厚，鬱鬱蔥蔥，有聚財的作用。

發財樹對光線的適應力很強，雖然它們喜愛陽光，但是在不見陽光的室內依然能生長的很好。培育發財要少澆水，可以施與適量鉀肥。在發財樹下壓一張大面值鈔票，叫「以錢養錢」，能增大發財樹招財的效力。招財不外乎「生」和「引」，所謂「生」是用有生命或有生氣的物質來增加財富，「引」是用熱能或實質的錢幣來作引財。發財樹兼具「生」、「引」，招財效果較好。

除了發財樹，還可以用別的綠色植物旺財。選擇植物時最好選用常綠植物，不可以是攀爬類，而且葉子的形狀最好又圓又大，不要尖、細或長形。葉子選用圓大的，是取其圓滿。仙人掌之類帶刺的植物也可以擺，不過不能擺放在旺位，要擺放在衰位用來化煞。煞氣沒了，財運自然就好。

有些人家種花容易枯萎，一般是因為擺放花盆的位置不好，西方和南方不容易養活植物。

◆ 六十四卦符號

六十四卦中的天地否卦，表示天地和諧，萬事順利，財源滾滾，是最常見的招財卦。把這一符張掛起來能起到招財的作用。如果想使財運長久可嘗試卦乾為天符號。乾卦是純陽之卦，意味著權勢和財運，並能持續六十年發揮功效。想在買彩券、打牌時撈取橫財，要張掛火雷噬嗑的符號。火雷噬嗑表示青龍入宅，招財進寶，是橫財卦象。這個卦象在失運之時會變成小人作祟，有害貴人，所以使用起來要小心。女子想發橫財要懸掛離為火，離為火是當令橫財卦，代表女子持家。男子不要掛這個符號，不但不會招來橫財，還會對財運不利。

# 怎樣做才能不當「月光族」

　　一些年輕人開始工作後發現自己存不了錢，每個月都會把錢花光，成了名副其實的「月光族」。那麼，檢查一下自己的生活細節，是什麼讓你當了「月光族」呢？

　　生活中過於大大咧咧，買東西時對零錢不在意，久而久之就會積沙成塔，失去的小錢變成了大錢。沒有很好的理財習慣，零錢到處亂放，抽屜裡、書桌上，沙發縫裡亂塞，這都是壞習慣，容易漏財。衣服口袋裡總是有一些硬幣，還常常洗衣服時洗掉，沒有存錢的習慣。不把錢當錢，對它重視不夠，比如沒有皮夾，不給錢一個棲身之地，久了它也會不把你當回事。

# 怎樣當一個守財的主婦

　　丈夫辛辛苦苦掙錢養家，那麼主婦的任務就是好好守護這些財富，而且還要守住財運。守住財運首先要有個整潔的環境，如果房屋裡面到處都是灰塵和雜物，就很容易破財，只有家裡乾淨清爽、空氣流通才能帶來財運。舒適的居家環境可以讓人得到充分的休息，人有了力量才能更好地掙錢。

　　而身為主婦無論如何都不能把自己真的弄成一個黃臉婆，精心打扮自己，真正做到「出得廳堂，入得廚房」，這樣才能提升整個家庭的運氣。

　　化妝可以改變人的形象氣質，自然而然也能改變人的氣場。好的妝容能帶來好運，更能招來財運，主婦可以畫一個漂亮的招財妝。那麼，到底什麼樣的妝容是招財妝呢？

　　首先是臉部的T形部位一定要白亮，尤其是鼻子，這是財運的象徵，要挺拔才行。其次是眉眼，眉毛不能有雜毛，要打理柔順，眼窩可提升貴氣，用金色的眼影會比較好，而睫毛膏的使用可以使眼睛格外明亮，增進財運。顴骨關係到人的整體儀態，顴骨過於突出

會顯得人很狡猾、毛躁，所以要使顴骨平滑。同理，唇部的化妝也要以飽滿圓潤為主，不能見棱見角。

家庭的經濟來源往往來自於丈夫，主婦要想握住財務大權，需要促使丈夫的錢多多上繳。利用紅包能夠讓丈夫帶更多的錢回家。準備紅包兩個，一個紅包裡放入金色硬幣，一個紅包裡放入銀色硬幣。在一張紙條上寫下夫妻姓名和生辰八字，注意寫名字的時候要把丈夫的名字寫的略高一些，然後在兩人名字之間寫上「財富到我家」。把紙條放入紅包中，放到兩人的枕頭下，就大功告成了。

## 怎樣利用廚房招來財運

　　廚房在家庭中有重要意義，所謂「民以食為天」，廚房的佈置一定要花一番心思，不要走漏了財氣。廚房要保持光線充足，廚房裡的用具，墊子、圍裙、拖鞋之類的，儘量使用暖色。

　　廚房位於不同的方位，有不同的聚財方式：

| 方位 | 做法 | 作用 |
|------|------|------|
| 廚房位於東方 | 廚房位於東方大吉利，可以在電冰箱附近、餐桌上擺放紅色鮮花 | 保持身體健康 |
| 廚房位於西方 | 在窗邊擺放水仙、三色紫羅蘭或者金黃色的花 | 擋住夕陽的邪氣，招來財氣 |
| 廚房位於南方 | 擺放觀葉植物 | 有助於儲蓄，阻止強烈的紅太陽氣帶來的亂花錢的傾向 |
| 廚房位於北方 | 擺放橙色或粉色的鮮花 | 為室內增添活力 |

# 怎樣招來職場財運

　　佈置風水招財運不是只有在家中才能做的,佈置好辦公室的工作環境,一樣能招來財運。

　　作為大多數上班族來說,在公司屬於自己的空間只有一張辦公桌。這張辦公桌就是你旺盛財運的基礎。辦公桌一定要即使整理,不要讓桌面凌亂、堆滿雜物。人的右手是個人的力的所在,一般人寫字、使用滑鼠等都是使用右手,所以要把筆筒等常用物品放在右邊,取放方便。

　　一些石頭紋飾美麗,放在桌子上很好看。然而石頭陰氣很重,壓抑陽氣,時間久了人會昏昏欲睡,缺乏精神,自然不得老闆喜歡,與財無緣。尖銳的東西會對人心緒產生影響,是煞氣的一種,使人不能安心工作,也是不放為妙。辦公桌也不要對著傢俱或者不規則的牆角,也會招致煞氣。

　　辦公區域的隔板上可以貼一些讓人感覺輕鬆愉悅的圖畫。工作壓力大的時候,看看圖畫,能夠減輕壓力,在無形中軟化了辦公室過硬的氣場。要軟化辦公室的氣場害可以擺放一些綠色植物。在身旁放上一盆

生機勃勃的植物能增添生氣，減少孤獨感，使環境變得溫和親切。植物還是天然「氧吧」，能使空氣清新，綠色還能放鬆視神經。擺放的植物一定要選擇大葉子的，大葉子會讓人心情開闊的放鬆感，小葉子植物的效果與之相反。

辦公室地方大，氣場雜，在辦公室招財的重點是要營造對自己有利的氣場。人氣越高，越容易聚財，在辦公室招財，只要招來人氣就等於招來了財氣。可以在辦公桌上準備一個小檯燈，瓦數不要太大。小檯燈柔和的燈光能使周圍流動的能量聚集起來，使氣場變得溫和，人們會愛在你的辦公桌附近聚集。還可以在桌子上放一個迷你風扇，迷你風扇能使空氣流動，連帶使停滯的氣流動，會招來同事在你附近停留。

佩戴黃水晶手鍊或者耳環、掛墜，也能招財。隨身攜帶古錢也是開啟財運的好方法，最好使用真正的古錢，不要使用仿製品。

# 怎樣增加偏財運

　　財運有正財、偏財之分。每個人的命中都有偏財運勢，怎樣才能激發你潛藏的偏財運呢？按照以下方法做，也許馬上就能撈到一筆意外之財。

| 材料 | 做法 | 功效 |
|---|---|---|
| 碗，雨水，小瓶子 | 在降水季節把一只空碗放置到樓頂上，最少放置七天。七天後如果能取得雨水，就把碗帶回室內，杜絕見陽光，每晚讓其沐浴月光，持續七天。<br>七天後把碗內的水放入一只小瓶子裡，將小瓶子放到皮包或者衣服口袋裡，每天隨身攜帶。 | 水旺財來，此法可增加偏財運。 |
| 紅色小布包，黃豆，黑豆，綠豆，紅豆，米，鹽，紅線 | 準備一只紅色的小布包，在布包上刺繡或者畫上八卦圖案，然後將各種豆子、米、鹽混合，裝入布包裡，用紅線綁緊封口。過年時，將布包掛在自家門廊上或店門前迎風處即可，每年一換。 | 只要有風吹過或者有人經過，布包就能起到驅散晦氣、增添人氣和財氣的效果，即所謂的「迎風生財」。 |

| 材料 | 做法 | 功效 |
|---|---|---|
| 小瓶子，天然水晶或代表木、火、土、金、水的青、赤、黃、白、黑五色天然礦石（白水晶、黑碧璽、橄欖石、紅玉髓、黃水晶等皆可），加持過的催財符，銅錢 | 準備一只小瓶子，放入五色水晶或礦石，再放入催財符和銅錢。將瓶子放入皮包或者衣服口袋中，隨身攜帶。 | 使人一整年財運旺盛，在牌桌、股市、彩券方面運氣非凡、心想事成。同時還有提高注意力、增強自身氣場的功效。 |
| 白、青、黑、赤、黃五色水晶 | 將水晶放置在家中財位。 | 增加財運，增加貴人緣，有助於職場升遷。 |
| 圓潤飽滿的陶瓷瓶一對，紅色布包兩只，米，茶葉，新鈔票，榕樹葉 | 在紅色布包中裝入米、茶葉、新鈔票、榕樹葉。把瓷瓶分別擺放在床頭兩側，把紅布包壓在瓶子下面。 | 增加財運，化解煞氣。適用於小人纏身、口舌是非多，以及精神萎靡不振。 |

| 材料 | 做法 | 功效 |
|------|------|------|
| 白水晶，紅地毯，紅包，新鈔票，茶葉，米 | 準備紅包一只，裝入幾張新鈔票、銅錢以及少量的茶葉、米。在房子門口放一塊紅地毯，把紅包放在地毯下。然後在房子北方放置五顆白水晶。 | 化煞招財，增加好運。 |
| 五帝錢 | 五帝錢隨身佩戴。平日入廟參拜，可取出五帝錢繞香爐三圈，增加能量。將其放置在自家神案前四十九天也能有此效果。 | 驅邪，開運。 |
| 紅紙，金色顏料，毛筆，紅色腳踏墊 | 用毛筆和金色顏料在紅紙上寫下「財」字，貼在家中北面。然後將床頭移到南面，在床尾位置放一張紅色腳踏墊。 | 增加偏財運，增進事業。 |

# 財神位在哪裡

　　招財貓大家都知道，那麼招財屋是什麼呢，招財屋應該是什麼樣子的呢？首先要有良好的房屋環境，這是大格局，然後屋子本身要是方形的，中規中矩，而大門一定要開在財方，才能招來財氣，各式各樣的煞氣都不會出現在屋子內外。

　　屋子選好了，還要看屋主入住的時機，這也和招財有關聯。

　　要綜合屋主的命格和房屋的風水格局，選擇最有利於招財的時間和方位，這樣才能聚集財氣。

　　想要招財，首先要認識財位在哪裡，財位就是能夠生旺的地方，是家中生氣最旺盛的位置。住宅形式的不同，財位的位置也就不同，再加上風水星宿的變化，財位幾乎每年都會換一次。此外，由於風水門派眾多，各家對財位的看法也不完全一致。

　　有的認為大門的斜角方向就是財位，有的認為房子的一白、六白、八白三個飛星位上，有的甚至要用命卦來尋找財位。

　　尋找出來的都可以視作財位，只要避免凶位的疊

加，守住財位，這一年就會風調雨順。

財位不能放置屬水的物品，譬如水養植物，如水仙、富貴竹等。

放盆栽植物植物沒有關係，這類植物生氣勃勃，鬱鬱蔥蔥，反而能帶動家中的財運。但是主要不要擺放仙人掌之類的帶刺的植物，因為帶刺的植物會對財運有反效果。

財位上不可擺放經常使用的電器。電器使用起來會改變財位的氣流，使財氣無法凝聚。

太沉的東西也不能放在財位，財位被壓著，會造成財運不振。

玻璃、鏡子等物要遠離財位，這些物品會反射財氣，財氣留不住。

人長期吸納財氣能增進財運。財位聚集了大量財氣，最好在財位擺放沙發、臥具、餐桌等物，每日在家吃飯、睡覺多受財氣沾染。

財位也能放一些小桌子、小櫃子擺放一些招財物。為了不擠佔財位容納財氣的空間，這些小傢俱不要太高。

在財位擺放的吉祥物能收到事半功倍的效果，可精心挑選幾款招財吉祥物進行擺放。

| 名稱 | 寓意 | 忌諱 |
|------|------|------|
| 三腳蟾蜍 | 催財 | |
| 福祿壽三星塑像 | 催財 | |
| 文武財神翅像 | 催財 | |
| 玉白菜 | 象徵家中富足 | |
| 如意 | 象徵吉祥如意 | |
| 財神像 | 招財 | |
| 風水輪 | 招財 | 水的方向要朝向室內 |
| 寶船 | 招財 | 船頭要朝向室內 |
| 駝寶馬 | 招財 | 動物頭要朝向室內 |
| 鹿子 | 招財 | 動物頭要朝向室內 |

　　財位上不能擺放鷹、豹子、老虎等猛獸雕象，放猛獸不能聚財，反而會沖散財氣。

　　財位的採光也很重要。財位有陽光或者燈光直射最為吉利，對增進財運很有幫助。如果財位處光線太暗，可以放置一盞長明燈。

# 什麼是漏財位

　　房屋不是方形就是會導致漏財，因為有缺角的房屋在風水上是有問題的屋子，本身就需要調整。如果一不小心還在財位上有了缺角，那麻煩就更大了，不管怎麼辛苦掙錢都是花得一毛不剩！

　　大門和窗戶相對著也是漏財的一種形式，大門本身是要納進財氣的，可是被窗戶散了出去，這就導致財氣不能停留在屋裡。同樣的理論也可以應用在房門對著房門、大門對著走廊這些情況上，只要是有大型的可以貫通氣流的門窗相對著，就容易導致漏財。

# 怎樣彌補家財缺陷

　　財位是不可輕視風水設置，其實財位就是我們熟知的客廳。這裡是一個公共空間，家人起居、接待賓客都在這裡，家庭的財運基本都集中在客廳。所以稱客廳是財位並不過分，而財位的中心地點則在進門的對角線方位。在這個財位中心擺放財神，可以增加財源。

　　不好的財位會令家庭財運受損。所謂不好的財位，是指財位有凹陷的牆壁、凸出的柱子，臨著窗子、挨著走廊等等。遇到不好的財位應該及時調整風水。裝飾裝修時，應對凹陷的牆壁及時修補，凸出的柱子也要做修飾。財位挨著的窗子要予以封閉。財位旁邊可以搭配一些繁茂的盆景，要用圓形葉的、萬年青之類有吉祥意義的，杜鵑花就不太合適。如果財位與走廊相鄰，要豎起屏風遮掩走廊，避免財氣順著走廊流走。要是財位恰好位於走廊口，氣流流動影響聚財，就放置高大的綠植，緩衝氣流的流速。

　　風水稱住宅中六個財位不好的方位為「六煞方」，這六個方位比較陰冷，容易造成屋子主人破財或者遭

人陷害。可以在這些地方張掛寓意吉祥的圖畫來破除煞氣。向日葵色彩艷麗，造型陽氣十足，有飽含能量的感覺。掛向日葵的圖畫能驅散小人，招來貴人。牡丹富貴榮華，具有很好的招財效果。掛牡丹圖能使財源廣進，前途似錦。

# 什麼是「命中有財」

　　財命是人的生辰八字決定的，在人出生的年月日時四個關鍵時間點上，如果出現了代表「財」的風水注解就表示命中是有財的。

　　這種財命通常分為兩種，一種是正財，就是透過自己的勞動得到的財富，沒有僥倖和欺詐的成分；而另一種是偏財，是透過偶然的機會獲得錢財，比如賭博、彩券。命裡有財運的人可以嘗試多做些創業投資的事情，當然更重要的是在自己能不能合理運用這種財運，如果處理不當反而會招來災禍。

　　八字表示命中有財，並不代表生活中就一定能得到錢財。先天的命格配合後天際遇、風水佈局，才能把財富抓到手中。所謂同命不同運，有些人八字相同，財運上卻相差很多，就是因為風水不好。風水學的作用就是弱化命運中不好的東西，催旺生命中的好運。

# 怎樣量身定做提升財運的方法

◆ **根據體質制定**

　　每個人不但命運不同，體質也不同，同樣的財運對不同體質的人會有不同的效果，因此想要提升財運還要從自己身上著手。

　　體質偏熱的人火氣比較大，所以要降火補水才能招來財氣，為了控制體內火氣對面相的影響，還要選用淺色的化妝品，顯得臉色白亮、祥和寧靜，生活中要多吃涼性食物。體質偏寒的人則恰恰相反，需要減少臉上過重的濕氣和陰氣，多吃些溫燥的事物，用明亮的色彩，如紅色、黃色來作為化妝品的顏色，改善財運。

◆ **根據屬相制定**

　　風水學認為每個人可以根據自己的屬相來確定用什麼動物招財，稱之為做生肖六合。比如鼠和牛是六合屬相，彼此可以用作招財動物，而虎和豬是一對，兔和狗，龍和雞，蛇和猴，馬和羊，彼此之間都是六合屬相。所以下次買生肖掛墜時，不一定非要買自己的屬相，可以買能給自己帶來好運的那個屬相。

# 什麼是八卦鏡

　　八卦鏡又稱為太極八卦鏡，是一種風水吉祥物。正面為羅經八卦圖案，中間圓心為一鏡面，背面有驅邪避魔咒文。

　　據傳在上古時代，伏羲氏觀物取象，始作八卦。鏡子自古以來就是震懾邪魅的吉祥物，「帝會王母於王屋，鑄鏡十二，隨月用之，此鏡之始也」。最早的鏡子是用銅鑄成的，早在在戰國時期就開始盛行。八卦鏡是八卦與鏡子兩種風水之寶的完美結合。

　　八卦鏡有兩種，從鏡面上分為凸鏡和凹鏡。八卦凸鏡用於鎮宅化煞，八卦凹鏡用於招財運。

### ◆　八卦凸鏡

　　八卦凸鏡能夠化解煞氣。它的鏡面呈凸出的圓弧形，看起來像烏龜殼。當有帶煞的物體沖來時，凸鏡可以將這些煞氣卸去。有些人發現有煙囪、電線杆等對著自家宅院，就在窗外懸掛一面平面鏡，認為可以擋煞。其實，平面鏡並沒有擋煞的功能，亂掛鏡子反而會對風水不好。即使是八卦凸鏡，也不能隨便懸掛，

防止造成風水方面的傷害。懸掛八卦凸鏡有四項注意事項：

1. 只有經過開光的八卦凸鏡才有擋煞的作用。

2. 選擇八卦凸鏡最好選用金屬材質的。

3. 八卦凸鏡不能在大門口一掛了之，要先確定煞氣的方向再決定將鏡子掛在哪裡。也不能隨意懸掛，只挑重要地點懸掛即可，譬如住宅主臥、老闆辦公室等，掛多了會適得其反。

4. 懸掛八卦凸鏡要選擇適當的時間，最佳日期是農曆中的「除」日午時。需要注意的是，這一天要避開房子主人或者公司老闆的生肖。

◆ 八卦凹鏡

八卦凹鏡可轉凶為吉，化煞為權，甚至能轉化磁場卦象。八卦凹鏡中間為一凹陷鏡面，周圍由二十四山向、先天八卦、河洛九星等組成。

八卦凹鏡可在以下情況下使用：

| 情況 | 使用方法 | 作用 |
|------|---------|------|
| 住宅大門正對電梯，財氣被電梯吸走 | 將八卦凹鏡懸掛於大門上 | 避免財氣被盡數吸走 |

| 情況 | 使用方法 | 作用 |
|---|---|---|
| 大門如正對上下的樓梯，家中財氣逸散 | 將八卦凹鏡懸掛於大門上 | 能有效地收回逸散的財氣 |
| 路或者高架橋的轉彎背弓朝向住所的門口、窗口或陽台，生成煞氣，使財運無法聚集 | 將八卦凹鏡懸掛於煞氣沖來之方向 | 收回被煞氣沖散的財氣 |

# 怎樣調理陽台風水

### ◆　神位

　　供奉神位免不了點香燭，經常弄得家裡烏煙瘴氣，為了避免這種情況有些人就把神位放到了陽台，認為便於通風散氣還能讓神位吸納大自然的生氣。實際上這是大錯特錯的。

　　神位無論如何是不能擺放在陽台上的，陽台雖然和自然接觸較多，但是畢竟過於空曠，風吹雨打，對擺放神位很不吉利，容易衝撞了神像。如果到了冬天神像被西北風吹到，極容易吹散神位的靈氣，要是下雨了，更不好。

　　陽台是家裡晾曬衣服的地方，衣服沾染了人體污垢和氣息，尤其是內衣褲，是對神靈的不敬。

### ◆　植物

　　在陽台上擺放植物是一般家庭都會做的，由於陽台的光線、空氣都很充足，很適合植物生長，而植物也可以調節風水，不但能生旺還能化煞。

如果陽台附近的自然山水比較好，那就要充分利用這樣的環境，增加生旺的可能性。比如棕竹、萬年青、橡膠樹這些綠葉植物是有利的。這類植物比較粗壯，主要是觀葉，因此肥厚的樹葉是聚集生氣的吉祥物。

如果陽台附近的環境比較惡劣，有各種煞氣的話，就要擺放能夠化煞的植物。化煞的植物要有以毒攻毒的效果，通常是仙人球、仙人掌之類帶有尖刺的植物，可以抵擋住其他尖銳的煞氣。如果不想用這樣的植物，還可以種植玫瑰。

### ◆ 風鈴

很多女孩子喜歡在陽台上掛上一個風鈴，以為那是浪漫，是情調。從風水學上說，風鈴的確有化煞的功效，因為風鈴被風吹動後產生的聲音可以帶動空氣流動並影響磁場。但是風鈴的選擇、掛風鈴的位置如果不對，還是會導致煞氣的產生。

風鈴如果是被煞氣吹動的，那就會加強煞氣的影響力，所以要慎重。懸掛風鈴時要小心選擇掛放的位置和方向，長期有強風吹的窗台就不能掛風鈴，會帶來煞氣。

# 餐桌有什麼風水禁忌

餐桌是吃飯的地方，無論從哪個角度來說，餐桌的擺放都是極其重要的。

首先，餐桌應該放在較為安靜的角落，舒適的環境才能保證家人吃飯的心情，有助於食物的吸收和消化，有益於健康。餐桌不能正對著大門，容易衝撞由大門進入屋內的氣場，不過不用擔心，玄關可以起到阻隔的作用。

餐桌也不能對著浴廁，這個道理不用多說，廁所的穢氣會影響家人的健康。如果實在沒有辦法挪動餐桌的位置，可以用開運樹之類的綠色植物來化解煞氣。

餐桌的材質通常要配合傢俱裝修的整體風格，比如大理石和玻璃材質的餐桌，雖然很適合歐式風格的裝修佈置，充滿時尚風味，而且也便於清洗。但是我們都知道，這類材質吸熱性比較強，在這樣的餐桌上吃飯人體好不容易吸收的熱量很快就被吸走。

而傳統的木質餐桌不但能帶來自然的元氣，而且性質溫和，對人體很有好處。所以，選擇餐桌時儘量挑選木質材質的，如果為了配合房屋整體格調而選用

其他材質的餐桌,也要用木質的桌腳、裝飾等來化解。

時尚的裝修家家都想要,比如購買一些樣式新穎的桌椅。可是,樣式特別的桌椅不一定符合風水的要求,尤其是那些帶有尖角的餐桌,雖然好看卻帶有殺氣,所以傢俱挑選也要用心。

餐桌的尖角越尖銳,那麼殺傷力就越大,使用尖角狀的傢俱是風水學上的大忌諱。帶有尖角的餐桌會損壞家庭成員健康,導致家庭的口舌糾紛,而菱形的餐桌留不住財物,都不是好的選擇。選擇餐桌最好採用傳統的圓形桌或者方形桌。

# 家庭擺多少餐椅最吉利

　　或許你覺得這個問題很搞笑，餐椅的數量都是由家庭人口來決定的，不過，仔細想一想餐桌邊總有富餘的椅子，而這些椅子的數量也應該算在內。

　　傳統式的中國家庭人口都會在三個以上，所以五到九張餐椅都是合理的個數。五、七、九是代表吉利的陽數，六和八則是民間認為的吉祥數字，所以家裡的餐椅可以按照這幾個數字選擇，當然別忘了多兩張客人的椅子。總括來說，三張椅子、四張椅子都不是好數目，如果有的家庭比較國際化，13這個數字也最好不要出現。

# 為什麼不能在廚房裡懸掛鏡子

　　鏡子通常是用來整理容裝的，在廚房掛鏡子調整風水，結果只能適得其反。

　　在廚房掛鏡子是風水中的一大忌諱，如果鏡子照到了灶火，就會加大火的氣場，被稱為「天門火」，給家裡增添了災禍。即使鏡子照不到灶火，也會照到廚房中四處擺放的食物，都不是好事，會給家裡人帶來火災甚至更大的災難不幸。當然，在餐廳掛鏡子倒是有助於增加財富。

# 鏡子的風水功能有哪些

　　鏡子一直是風水學裡頗受爭議的的物品。古人常用銅鏡來辟邪，用於照妖。一般人家的住宅都要掛鏡子，而大戶人家的鏡子就更氣派了。

　　鏡子固然有辟邪的效果，但是真的要在室內掛鏡子，一定要注意位置，否則會帶來煞氣。比如床和桌子不能對著鏡子，會反射掉屋主身上的氣場，影響健康，而且夜裡在床上見到鏡子裡的影子，很容易造成心理恐慌。

　　梳粧檯上的鏡子也不要對著床，還有書桌，這兩個地方都是人常待的。如果家裡位置擺不開，就用厚簾子遮擋一下，要是貼個八卦圖就更好了。

　　很多單位都放有一張大大的整容鏡，一些愛美的女士也愛放個小鏡子在辦公桌上。愛美是人的天性，但如果鏡子每天都照著你，久而久之你就會發覺自己經常會頭暈眼花、睡眠不好、決策失誤。鏡子在風水裡叫「光煞」，是一種避煞的工具；鏡子裡的世界叫幻影，會讓人頭腦混沌、虛亂。

　　現代建築經常用玻璃作為整幢建築的牆面，這就

是最厲害的光煞，被照射的陽宅內的人會出現很多不
吉之事，厲害的光煞會招致血光之災、是非、破財。
所以當你經常被大鏡子照射時，就不要再臭美了，還
是避開為妙。

# 擺設動物有什麼作用

◆ 龍

龍是中國傳統中吉祥物品，透過擺放龍來化煞是可以的，但要注意一些細節。龍要和水配合著擺，龍是水中的動物，有水才能生旺，才能有生氣；如果窗外有大海或是河流，就要把龍頭面向這些水源，但切忌面向水溝甚至是污水溝，這樣會招來噩運。

龍的方位也要放在屬水方位，即北方，龍頭不能朝向人的臥室，到了夜裡有會煞氣，對小孩子很不利。

如果是龍的畫像，那麼就要用金色的鏡框來裝飾，增吉增利。

◆ 獅子

獅子是我國傳統的瑞獸，通常是避邪之物，所以古代官宦人家門口都有獅子坐鎮。現代社會中，憑藉口才謀生的人可以用獅子來增加運氣。

獅子來自西方，所以西北方向是最適合放獅子的地方，可以發揮它的功效，獅子的擺放最好能成雙成

對，雌雄有別，而且要維持一對獅子的完整性，要更換就得更換一對。獅子本身是很兇猛的動物，所以獅頭要向著窗外或閘外，把自身的煞氣散出去。

現在沒有辦法在門口放石獅子，可以用小的金屬獅子頭來代替。

### ◆ 烏龜

從古至今，養烏龜是中國老百姓的一個習慣，這個寓意長命百歲、大吉大利的動物很受人們的喜愛。龜生活在水底，屬於陰柔之物，可用於化解煞氣，抵擋凶氣。

到了今天，很多人已經不養烏龜了，但是家裡還是可以擺上幾個銅制的龜起到化解煞氣的作用，這也是風水學上「凶煞宜化不宜鬥」的原理。

銅龜究竟能化解哪些煞氣呢？煞氣裡面，尖角煞、天斬煞、反弓煞，包括各種不規則形狀建築物帶來的煞氣都可以用銅龜來化解。如果是路沖的煞氣，比一般的煞氣要嚴重得多，必須用一對銅龜來化解，還要掛一面凸鏡，

陽台面對尖角沖射、陽台面對天斬煞、陽台面對鋸齒形建築物、陽台面對反弓路、陽台面對街道直沖，上述情況要用銅龜化煞。需要的是，倘若迎面直沖而來的是高速公路，那麼除了要在陽台的兩旁擺放一對

銅龜，兩龜的頭部相對，還要懸掛一個凸鏡，以確保最好的效果。

◆ 馬

馬到功成是人們對馬能夠帶來好運的一種說法，家裡放一些馬的裝飾品效果也很好。馬要放在驛馬方，也就是南方和西北方向，有益於運氣的帶動。

馬的數量以二、三、六、八、九匹為宜，這都是古人認為能帶來吉運的好數字，而六匹馬是最吉利的。因為「六」與「祿」同音，有「祿馬交馳」的寓意，同理，五匹馬是「五馬分屍」的意思，切忌擺五匹馬。

馬是可以在短期內招來財運的動物，放在招財位效果最佳，但是屬鼠的人不要在室內放和馬有關的東西，會沖撞。

◆ 狗

狗是人類的好朋友，擺放狗也有利於風水。狗通常用來看家，但是狗的裝飾品就不能用來鎮宅了，最多放在門內較近的地方，取看家之意就行了。

狗的擺放位置不能在東南方，最好在其他方位，而且擺放時不宜多，一兩隻就可以了。不同的方向可以放不同顏色的狗，北方宜黑色，西方宜白色，南方宜黃色。

需要注意的是，屬龍的人不能在家裡放狗，會沖撞，而屬兔、虎、馬的人特別適宜擺放狗的塑像。

◆ **公雞**

公雞在風水上的效果是能夠剋制蟲害邪氣，尤其是蜈蚣、毛蟲之類的。

一般家裡其實不必放公雞，如果是屋外有形似蜈蚣之類蟲形物體的建築時可以擺放，一隻即可，多了就會使家裡吵鬧不休，自相鬥爭。

在大門對沖的地方放一對銅雞可以抵擋爛桃花，阻擋各種不利的桃花運，也可以用來防止配偶的婚外情行為。屬兔的人就不宜擺放公雞，會產生沖撞。

# 植物的風水功效有哪些

　　生活檔次的提高可以從傢俱擺設中看出來，越來越多的家庭喜歡擺上植物來美化居住環境。不過，植物的功能不僅僅是觀賞，還有調節風水的作用。

　　風水學上，用植物調節氣場是非常有效的方法，可以幫助平衡氣的流動。比如，在電腦旁邊放一些植物，可以消耗輻射和靜電；還有一些綠葉植物，可以置換空氣，吸收毒素，排出氧氣。

　　如果在此基礎上，根據風水學的八卦方位來擺放植物，效果會更好。放在角落的地方，不會妨礙其他傢俱擺設，還能夠刺激角落的生氣。

# 為什麼要在家庭中擺放綠植

　　植物的風水效果已經得到了大家的認證，家裡有花朵、綠植對主人來說是好事一件。比如說仙人掌，現在很多小盆養殖的彩色仙人掌或者是仙人球，非常可愛漂亮，種在小小的彩色花盆裡，可以說是相得益彰，對心情很有幫助。尤其常用電腦的人，放一盆仙人掌或仙人球，可以吸收電腦輻射，有益健康，甚至能帶來職位升遷的好運氣。

　　在工作職場上，銀杏是帶來好運的樹木，尤其是秋季金黃色的銀杏樹葉。銀杏是植物中的活化石，在風水上有通靈的意思，很多道觀寺廟門前都種植銀杏，意味接通天地靈氣。家裡可能種不了銀杏樹，可以採擷幾片銀杏葉子，用朱砂寫上自己的生辰八字，朱砂也是風水術數常用的物品，都可以接通天地間的元氣，以調節人體氣息，帶來好運。

# 怎樣擺魚缸會犯「淋頭水」

　　一些家庭或公司為了美觀，喜歡在家裡或辦公室養魚。養魚追求愜意的環境無可厚非，但要注意風水禁忌，將魚缸的位置擺放好，否則會犯淋頭水，對我們造成不良影響。

　　如果我們在客廳座椅旁放置魚缸，而魚缸的最高水位比坐在旁邊的人高，就會犯淋頭水，日積月累住戶生病，甚至發生頭痛或泌尿系統疾病。這裡需要說明的是淋頭水要成為煞氣，必須是頭部很接近魚缸，坐在旁邊的人才會犯淋頭水。

　　一般魚缸都會放在櫃子上或桌上，因此最高水位大多高於1公尺，比坐在旁邊沙發上的人高，因此建議沙發位置應離開魚缸1公尺以上，以避開淋頭水。

# 怎樣化解凶方的煞氣

　　世界上沒有真正完美的住宅,所有的風水缺陷都可以人工彌補,古人就有把水引入失運的方位從而逢凶化吉的說法。現在我們沒有辦法引入天然的水源,可以用象徵性的物品代替。

　　魚缸是現代家庭擺設常用物品之一,利用魚缸「撥水入零堂」,可以化解家中凶方的危機(所謂「零堂」是指失運的衰位)。但是魚缸的擺放一定要謹慎,首先不能太高,那會導致淋頭水,其次就是魚缸不能太大,太多太深的水也會產生陰氣,帶來不利。

# 為什麼銅葫蘆能化解煞氣

　　在風水學術上，銅葫蘆是用來降魔伏妖的物品，人們認為它可以擋住煞氣。銅葫蘆是仿葫蘆形狀用銅製成的，它的材質和圓形的形狀使其性質屬金，可以化解土煞，而土煞是風水學上帶來疾病和噩運的煞氣。

　　古時候，很多道士都會身掛銅葫蘆，並且還在葫蘆的底部或蓋子上畫上八卦圖，增加化煞的效果。到後來，小嘴大肚的銅葫蘆也成了收服妖魔的工具，妖魔煞氣易進不易出。

# 怎樣處理垃圾桶最吉利

　　垃圾桶的性質和廁所差不多，都是收納污穢的地方，所以不能放在吉方。現在家庭裡的垃圾桶數量可能比較多，所以一定要注意擺放位置，放在凶方是比較妥當的。

　　垃圾桶內的垃圾一定要定時清理，所以選擇小一點的垃圾桶可以促使及時清理。清理垃圾桶不僅僅是清理垃圾，還要洗一洗桶身，防止細菌的產生。可以購買一些外觀好看的垃圾桶，這樣可以抵消桶內物品的穢氣，垃圾桶越好看越安全。

# 時鐘的最佳擺放方向在哪裡

　　時鐘是家家不可缺的，這個對象雖然小但是很重要。時鐘是在走動的，而且控制著時間，在風水學上有著很重要的意義。所以擺放時鐘的位置要精挑細選。

　　時鐘切忌擺在白虎方向也就是西方，這是個凶方，擺放時鐘會帶來煞氣，而北方也就是玄武方也不適宜擺放時鐘，北方講究安靜，不能擺放走動的東西。

　　青龍方也就是正東方可以放時鐘，這裡是吉位。此外，沙發上方不能掛時鐘，時鐘走動的磁場會干擾人體。

# 如何利用水晶助運勢

 水晶

水晶不但晶瑩剔透、美麗非常，還有催財、聚氣與納財的效果，所以越來越受到人們的喜愛。

水晶擁有特殊能力，因為其分子結構與眾不同，能更好地吸收天地日月精華，氣場能量驚人。不同的水晶功效不同，既可以增強愛情運、事業運、健康運、財運，還可以鎮宅辟邪、改風水、去霉運：

紫水晶：紫水晶的氣場與腦波頻率相近，因此能緩和暴躁的脾氣、鎮定安神。佩戴紫水晶能緩解失眠、增強記憶力，還能改善人際關係。

粉晶：佩戴粉晶能改善人與人之間的關係，對情侶尤其有幫助，能增進雙方感情，培養良好的姻緣。

白水晶：白水晶的磁場可攻破不良氣流、淨化全身，增強身體健康。佩戴白水晶能讓心靈純淨平和，還有提高注意力的功效。

黃水晶：黃水晶的功效是增助財運，可招財進寶、創造意外財富。黃水晶對健康也非常有幫助，能強化

腸胃消化功能，調通肝、腎、脾、胰。

綠幽靈水晶：綠幽靈水晶有強大的招財力量，尤其擅長招來事業上的財富，還能讓事業官運蒸蒸日上。綠幽靈水晶能使人心境平和、自然安詳，強化免疫系統機能。

水晶製品買回家後不要直接佩戴，它在陳列時被不同的人接觸過，磁場混亂，接受了許多不良資訊，佩戴前一定要清洗消磁。

可將礦泉水中投入一茶勺粗鹽，放入水晶浸泡二十四小時，然後用清水沖洗乾淨，風乾後即可佩戴。

水晶佩戴時間長了，能量會衰弱，需要定期進行清潔工作。在粗鹽水中浸泡後，放置到白水晶簇上增強能量。沒有白水晶簇，放在陽光下照射也能達到類似效果。

◆ 水晶燈

豪華的裝修能給人一種富麗堂皇的感覺，但這只能在審美角度加分，從風水學的陰陽五行是否調節適當的角度來看，豪華的裝修未必就是好的風水。同樣地，簡約的設計雖然能給人舒適、淡雅的感覺，但在家居某些位置加添適當的裝飾也未嘗不是好風水。

隨著生活水準的提高，人們在裝修房屋時越來越喜歡走豪華的路線，水晶燈成了裝飾市場的寵兒。水

晶蘊藏著豐富的磁場，能旺財、納氣，是調節風水的
法寶。裝修時使用水晶燈，不但能夠美化環境，彰顯
個人裝飾風格，還能調理風水運勢。

不同的水晶具有不同的風水功效，擺放的位置也
應當注意。

不過值得注意的是，屋主最好根據出生季節，來
擺放適合自己的水晶燈：

春季（農曆二、三、四月出生者）：適合黃晶水
晶燈，最佳擺放位置是大廳或房間的東面或東南面。

夏季（農曆五、六、七月出生者）：適合白晶水
晶燈，最佳擺放位置是大廳或房間的南面。

秋季（農曆八、九、十月出生者）：適合粉晶水
晶燈，最佳擺放位置是大廳或房間的西面或西北面。

冬季（農曆十一、十二、一月出生者）：適合紫
晶水晶燈，最佳擺放位置是大廳或房間的北面。

# 風水與疾病有什麼關係

　　風水方位和健康的關係是我們在討論風水時常常提到的,風水方位不好所帶來的第一影響就是對屋內所住的人的健康影響。俗話說身體是革命的本錢,想要保持健康的身體,不僅僅靠吃喝方面的注意,還要關注一下風水原理,防止外在環境對人體產生影響。因此,什麼樣的風水問題會造成什麼樣的疾病,這是我們必須知道的。

### ◆　頭痛

　　頭痛是生活常見病,產生頭痛的原因很多,調整住家的風水對頭痛也能起到一定改善作用。

　　風水學認為住宅的面積與門窗大小比例不協調,氣流動的過快,就有可能造成頭痛。一般來說,門窗太大會導致氣流過快,將門窗大小調整的與房子面積協調就可以了。

### ◆　咳嗽

　　居住環境周圍水流的狀態影響到人體肺部的健康。

中醫認為「肺朝百脈」，水在風水中被看做血脈，所以會對人體肺氣造成影響。

當居住環境的水流發生變化時，會對身體氣血盈虧產生影響，造成肺臟功能失調，就有可能出現內虛咳嗽的情況。

可以在家中擺放魚缸，增加與水接觸的機會。有能力者可以擺放水族箱，讓游動的魚兒、蕩漾的水草改善心情，增進風水。流動的水對風水有益，魚缸或水族箱中最好放置水循環系統。魚缸與水族箱的大小還要與房間大小相協調，也不要放置的太高，避免招來煞氣。

### ◆ 精神壓抑

任何視覺、聽覺上的影響都容易導致精神疾病，在風水佈置上，最容易導致精神疾病的則是讓人壓抑的高大建築。

比如住宅周圍是很高的圍牆，那會導致氣場封閉，久了自然精神抑鬱。還有就是高大的煙囪，也會讓人感覺壓抑，而墳地這樣的地方會由於陰氣過重導致精神疾病。這樣發展下去會引發腦血管疾病，對人體十分不利。

# 玻璃幕牆導致什麼病變

　　玻璃幕牆會形成反光煞，這點我們曾經提到過。反光煞對人體的影響很多，主要出現在眼部疾病。

　　光線對人體的第一刺激就是眼睛，長時間接受陽光照射，會讓人眼睛酸痛，如此發展下去就會導致眼睛疾病的產生，白內障、角膜炎都是常見病，更嚴重的就是罹患青光眼導致失明。

# 加油站、鐵路如何影響健康

　　加油站和鐵路導致的病變主要集中在噪音污染上，大量的車輛停泊，而且是不停歇的噪音傳送，這樣很容易危害到人的聽力。

　　尤其是鐵路旁邊，每當火車經過，聲如雷鳴，很容易得耳聾耳鳴等病症。

　　而這兩者周圍的空氣都不太好，油氣和殺氣過重，長期處於這樣的環境，人也會很壓抑。

# 怎樣調整風水能改善抑鬱症

　　抑鬱症是一種常見的精神疾病，也是精神科自殺率最高的疾病。抑鬱症主要有情緒低落、自責自罪、悲觀、興趣減低、思維遲緩、缺乏主動性等特徵，還會影響到飲食和睡眠。

　　目前抑鬱症已成為全球疾病中給人類造成嚴重負擔的第二位重要疾病，幾乎每5個成年人中就有1個抑鬱症患者，被稱為「精神病學中的感冒」，對患者及其家屬造成的痛苦、對社會造成的損失遠遠高於其他疾病。

　　輕度的抑鬱症患者不需要服藥，透過心理治療，配合調整風水就能減輕負面情緒。重度抑鬱症患者以遵從醫囑服藥為主，配合調整風水也能起到事半功倍的治療效果。

　　抑鬱症患者的房間裝修時要採用活潑溫馨的色調，切忌冷清刻板的感覺。在刷牆面漆時可以選擇米色，米色讓人感覺溫暖淡定，不急不燥不壓抑。

　　抑鬱症患者住家的光線是重中之重。風水學觀點認為，光線充足的環境讓人感覺積極、活潑，能調動

人的情緒，使人心境開闊；光線不足的的環境死寂、消極，充滿負面能量，長期處於此類環境中會使人產生很多負面情緒，心情低落，走向消極。所以一定要保持室內光線充足。

平時還可以多和朋友交往，請朋友們到家中聚會，用歡樂的氣氛沖淡家中累積的負面磁場。還可以多開窗通風，一方面使室內空氣清新，神清氣爽，流動的空氣也能將累積的負面因素帶走。

自己居住的人可以養寵物、養花草來增加家中的生氣，調劑枯燥的精神。

# 九星和健康有什麼關係

　　我們曾經介紹了很多風水上的玄空星象，這是個很複雜的學說，九星的概念是很基礎的。在風水中，隨著天體的運轉，九星一直處於變化的狀態，這對人體健康有各式各樣的影響，或是有益，或是有害，都是不一定的。所以瞭解九星的旺盛和衰退的跡象及狀況，可以幫助人們知道如何處理身體健康問題。

　　一白星可分為天蓬星和貪狼星，帶來的疾病多半和血液疾病和泌尿系統疾病有關。如果一白星處於衰亡階段，人體可能會患腎病，容易食物中毒，出現耳鳴、口渴、眼目眩暈等徵兆。女性要注意卵巢病變，而男性可能會有遺精的現象，這些都要慎重。

　　二黑星掌管脾臟和肌肉方面的疾病健康，如果二黑星出現問題就會導致這兩個方面出現問題。比如脾胃不好，容易得食道方面的疾病，胃炎、胃痛、消化不良是最常見的，腸道方面則容易便祕，或者是十二指腸疾病，讓人很痛苦。如果肌肉出現問題，通常都出現在牙齦鬆動、牙疼上火這些口腔疾病。

　　三碧星可分為天柱星和祿存星，該星出現問題時，

人體膽囊會出現病症，火症疾病比較多，人體因此容易受傷，要當心頭、手腳等，做事一定要小心。三碧星還掌控著神經疾病，是肥胖症的一個源頭。

如果經常哮喘，患有風濕疾病，體內濕寒氣比較重的話，要注意是不是四綠星出現了問題。四綠星有衰退現象的話，還會導致肝臟的問題，人還容易遭到各種天災，甚至被蛇咬。

五黃星關係到口腔和內臟疾病，有人會頭暈目眩，有人會得憂鬱症，有人會患神經性疼痛，有的人會得腫瘤，甚者有麻痺現象。五黃星帶來的更嚴重的問題可能就是精神分裂以致於讓人遭受土煞，乃至橫死。

六白星總是感冒咳嗽，喉嚨乾燥，還有氣喘、關節炎這些病症干擾自己的話就要考慮是不是六白星出現問題了，這是掌管鼻腔疾病的風水星象。六白星還代表著骨骼方面的疾病尤其是老人，很容易得骨質疏鬆甚至是老年癡呆。

七赤星對肺部疾病有影響，七赤星衰退的話，輕微的會導致氣喘、牙疼疾病，重一點的會得肺炎、口腔癌，乃至各種婦科病和性病，甚至有可能染上愛滋病。七赤星的疾病影響可謂很嚴重了，很多自殺現象都是由於七赤星帶來的病變導致的心理問題。

八白星掌管背脊的疾病，使人形容憔悴，脊背有

可能扭傷、骨折，腰酸背痛，坐骨神經也不太好。嚴重的可能有結石、腹膜炎等疾病。其實，風水學上所說的各種疾病都是相通的，並由此聯繫到精神方面的影響，所以對人體危害比較大。

　　九紫星代表的器官是人體最重要的內臟器官——心臟。輕微的病變出現在眼病、紅斑疹，人容易被灼傷，晚上容易做噩夢，受到驚嚇。女性可能會出現乳痛、血崩等，要十分注意。九紫星帶來的最終風水災禍則是意想不到的天災，火災、煤氣中毒，甚至會觸電、被雷擊。

## 為什麼住西北方容易生病

　　細心的人會發現，小女孩住在家中的西北方的房間體質虛弱，容易生病。風水學認為，西北方是乾卦，象徵天子之氣，代表了權威。小女孩不是一家之主，承受不了西北乾位的強大氣場，所以容易生病。能在這個位置受益的，是家中的父親或者公司的老總，但是如果設置不當，也會引起疾病。

　　一般家庭不要將爐灶設置在西北方，爐灶火氣大，會燒掉健康的運氣，造成人人因內火過旺，容易生病。衛生間也不要設置在西北方，它能壓制天子之氣，正氣弱了邪氣就會產生，也會對身體健康造成威脅。

# 八卦如何影響人體健康

　　在選擇房子時，要注意在不同八卦方位上的各種形煞，預防可能發生的疾病。

　　所謂形，是指人的五官能直接感受的有形之物；煞，是對人的身心健康有害的內外環境因素。形煞主要是指分佈在陽宅周圍的不合理的自然景觀、人工建築物，以及房屋內部不合理的陽宅構件。比如房子旁有屋角、屋脊沖射，有狹窄的巷道或者直沖的水道，或者能看到山有壓迫過來的趨勢，都屬於形煞。

　　形煞在不同的八卦方位，會導致不同的疾病。

　　形煞在乾卦：後天八卦的乾卦，在先天為艮卦。此卦掌管手，關係到胃部健康。如果形煞在這個方位，居住者可能會嘔吐、口臭、容易脫臼，還有可能得胃病、坐骨神經痛等疾病。

　　形煞在坤卦：後天八卦的坤卦，在先天為巽卦。此卦掌管股，關係到神經系統、肝臟、大腸、膽等部位的健康。如果形煞在這個方位，居住者可能會禿頭、心緒不寧，還有得肝病、癲癇、抽搐、中風等疾病的危險。

　　形煞在震卦：後天八卦的震卦，在先天為離卦，此卦掌管目，關係到心、膽、小腸、中脘、舌等部位的健康。如果形煞在這個方位，居住者有得發熱、胸悶、心肌梗死、眼病、血栓的危險，灼傷的機率也會大增。

　　形煞在兌卦：後天八卦的兌卦，在先天為坎卦。此卦掌管耳，關係到腎臟、子宮、睪丸、三焦、肛門、膀胱等部位的健康。如果形煞在這個方位，居住者可能會畏寒、疲倦，不孕、得性病的機率也會增加。

　　形煞在離卦：後天八卦的離卦，在先天為乾卦。此卦掌管首，關係到面、鼻、骨、腦，脊背等部位的健康。如果形煞在這個方位，居住者有得軟骨病、肺病、腦震盪、坐骨神經痛等疾病的危險，出門還會有出車禍的風險。

　　形煞在巽卦：後天八卦的巽卦，在先天為兌卦。此卦掌管口，關係到皮毛、津液、喉嚨、牙齒、肺部、膀胱、大腸等部位的健康。如果形煞在這個方位，居住者有可能會牙疼、咳嗽、氣喘、尿道感染、積痰，小孩子容易尿床。

　　形煞在坎卦：後天八卦的坎卦，在先天為坤卦。此卦掌管腹，關係到皮膚、脾臟、脂肪、卵巢、小腸、胃部、食道等部位的健康。如果形煞在這個方位，居

住者有得腹脹、濕疹、水腫、痢疾、癌症等疾病的危險，孕婦居住此屋還會增加流產的機率。

形煞在艮卦：後天八卦的艮卦，在先天為震卦。此卦掌管足，關係到三焦、命門、膽、聲道等部位的健康。如果形煞在這個方位，居住者有得甲狀腺疾病、癲狂、嘔吐、聾啞等疾病的危險，還有可能發生意外，導致腳骨折。

# 為什麼樓層越高
# 對身體害處越大

　　隨著城市建築用地越來越緊俏，民用住宅樓層樓層越來越高。人們逐漸習慣了居住高層建築，有電梯在，即使樓層很高上下樓也方便快捷。住高層建築雖然沒有什麼不方便，對身體健康卻沒什麼好處。

　　高層建築都會有「經常性微幅擺動」現象，人一般不會察覺，但是敏感的神經系統卻會受到不良影響，住高層建築容易患失眠、神經衰弱等疾病。此外，樓層越高離地面越遠，吸收的地球磁能越少，還會吸收過量的太陽能，造成體內能量失衡。時間長了之後，會心浮氣躁，影響健康。第三，樓層越高風力越強，過強風元素在風水學上講是很不吉利的。

# i-smart

## 智學堂
智慧是學習的殿堂

★ 親愛的讀者您好，感謝您購買 搞懂好命好運好風水一生受用

這本書！ 為了提供您更好的服務品質，請務必填寫回函資料後寄回，我們將贈送您一本好書（隨機選贈）及生日當月購書優惠，您的意見與建議是我們不斷進步的目標，智學堂文化再一次感謝您的支持！想知道更多更即時的訊息，請搜尋"永續圖書粉絲團"

您也可以使用以下傳真電話或是掃描圖檔寄回本公司電子信箱，謝謝！

傳真電話：　　　　　　　　　電子信箱：
（02）8647-3660　　　　　　yungjiuh@ms45.hinet.net

姓名：＿＿＿＿＿＿＿ ○先生 ○小姐　生日：＿＿＿＿＿＿＿　電話：＿＿＿＿＿＿＿

地址：＿＿＿＿＿＿＿＿＿＿＿＿＿＿＿＿＿＿＿＿＿＿＿＿＿＿＿＿＿＿＿＿＿

E-mail：＿＿＿＿＿＿＿＿＿＿＿＿＿＿＿＿＿＿＿＿＿＿＿＿＿＿＿＿＿＿＿

購買地點（店名）：＿＿＿＿＿＿＿＿＿＿＿＿　購買金額：＿＿＿＿＿＿＿

職　　業：○學生　○大眾傳播　○自由業　○資訊業　○金融業　○服務業　○教職
　　　　　○軍警　○製造業　○公職　○其他＿＿＿＿＿＿＿＿＿＿＿＿＿＿

教育程度：○高中以下（含高中）　　○大學、專科　　○研究所以上

您對本書的意見：☆內容　　　　　　○符合期待　○普通　○尚改進　○不符合期待
　　　　　　　　☆排版　　　　　　○符合期待　○普通　○尚改進　○不符合期待
　　　　　　　　☆文字閱讀　　　　○符合期待　○普通　○尚改進　○不符合期待
　　　　　　　　☆封面設計　　　　○符合期待　○普通　○尚改進　○不符合期待
　　　　　　　　☆印刷品質　　　　○符合期待　○普通　○尚改進　○不符合期待

您的寶貴建議：

221-03 新北市汐止區大同路三段１９４號９樓之１

智學堂

智慧是學習的殿堂

編輯部 收

請沿此虛線對折免貼郵票，以膠帶黏貼後寄回，謝謝！

智慧是學習的殿堂

永續圖書線上購物網
www.foreverbooks.com.tw

i-smart